COMMISSION DE RECHERCHE ET DE PUBLICATION
DE DOCUMENTS
(RELATIFS À LA VIE ÉCONOMIQUE DE LA RÉVOLUTION)

(MÉMOIRES ET DOCUMENTS)

ÉTUDES

SUR

LA VIE ÉCONOMIQUE EN BRETAGNE

1772-AN III

PAR

HENRI SÉE

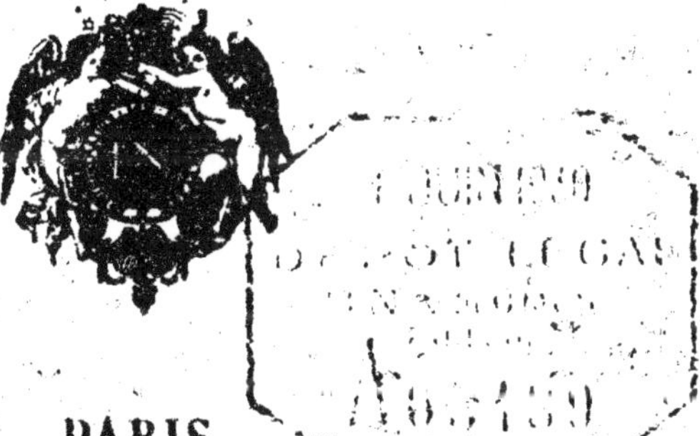

PARIS

IMPRIMERIE NATIONALE

ERNEST LEROUX, ÉDITEUR, RUE BONAPARTE, 28

MDCCCCXXX

I

ÉTUDES

SUR

LA VIE ÉCONOMIQUE EN BRETAGNE

COMMISSION DE RECHERCHE ET DE PUBLICATION

DES DOCUMENTS

RELATIFS À LA VIE ÉCONOMIQUE DE LA RÉVOLUTION

MÉMOIRES ET DOCUMENTS

I

ÉTUDES

SUR

LA VIE ÉCONOMIQUE EN BRETAGNE

1772 – AN III

PAR

HENRI SÉE

PARIS

IMPRIMERIE NATIONALE

ERNEST LEROUX, ÉDITEUR, RUE BONAPARTE, 28

MDCCCCXXX

ÉTUDES

SUR

LA VIE ÉCONOMIQUE EN BRETAGNE.

LES ESSAIS DE STATISTIQUES DÉMOGRAPHIQUES

EN BRETAGNE

À LA FIN DE L'ANCIEN RÉGIME.

Pour la première fois, dans les vingt dernières années de l'ancien régime, le gouvernement a tenté de faire dresser une statistique de la population. Comment a-t-elle été faite? Quelle en est la valeur? Quelles sont les données relatives à l'histoire économique et sociale que peuvent fournir les documents provenant de cette tentative? C'est ce que nous nous proposons d'examiner en prenant comme exemple la Bretagne.

I. LA QUESTION DE LA POPULATION.

La question de la population est l'une de celles qui préoccupent le plus vivement les économistes et surtout les hommes d'État au xviii⁰ siècle. Vauban, dès l'époque de Louis XIV, estimait qu'il n'y avait rien de plus important pour un État que d'avoir une nombreuse population; c'est de cette conception que dérivent sa haine contre la guerre et ses projets de réforme fiscale [1]. Il assure que la décadence de l'Espagne a pour cause essentielle sa dépopulation : « la grandeur des rois, déclare-t-il, se mesure par le nombre des sujets, et non par l'étendue des États » [2].

Dès la première moitié du xviii⁰ siècle, la plupart des économistes et écrivains sont persuadés des avantages que présente une population nombreuse, mais ce fut le marquis de Mirabeau, au

---

[1] Voir son ouvrage : *Intérêts présents des États de la chrétienté.* Cf. Henri Sée, *Les idées politiques en France au xvii⁰ siècle*, Paris, 1923.

[2] Rappelons que Colbert se préoccupait très vivement aussi de ce qu'il appelait la « peuplade ».

xviii° siècle, qui contribua le plus à mettre à la mode la question de la population par son *Ami des Hommes ou Traité de la population*, qui date de 1754. Il croyait pouvoir affirmer, comme d'ailleurs la plupart de ses contemporains, que la population de la France, qu'il estimait seulement à 18 millions, avait diminué, et il attribuait la cause de cette dépopulation à la décadence de l'agriculture, au luxe, à l'absentéisme des propriétaires nobles.

D'autre part, les physiocrates ne plaçaient tout à fait qu'au second plan la question de la population. Ils comptaient surtout sur les progrès de l'administration et de la culture pour accroître la production, le revenu des terres, qui étaient leur grande préoccupation. Il est curieux de constater aussi qu'Arthur Young reproche à la France d'être trop peuplée et surtout d'avoir une population rurale trop abondante, puisqu'elle représente les trois quarts de la population totale [1]. «Le grand malheur de ce royaume, déclare-t-il, est une grande population, sans ouvrage pour ses bras, sans pain pour sa bouche; pourquoi alors encourager au mariage?» La grande population n'est une source de richesse pour un pays que «si le peuple est industrieux.[2]» Et il considère que tous les pays mal gouvernés sont très populeux, témoin l'Espagne. C'est aussi, ajoute-t-il, une circonstance fâcheuse que sa population urbaine ne s'élève qu'au quart de sa population totale [3].

Notons que, dans la seconde moitié du xviii° siècle, nombre d'écrivains se préoccupent d'évaluer la population de la France, de se rendre compte de son mouvement. Tel, l'abbé d'Expilly dans son *Dictionnaire géographique, historique et politique des Gaules et de la France*, qui parut en 1762; tel, Messance, qui, en 1766, publia ses *Recherches sur la population des généralités d'Auvergne, de Lyon, de Rouen et de quelques autres villes du royaume*, qui témoignent d'études très sérieuses; tel, Moheau, dont les *Recherches et considérations sur la population de la France*, de 1778, ont une véritable valeur scien-

[1] A. Young, *Voyages en France*, trad. Lesage, t. II, p. 312 et suiv.

[2] Telle est aussi, ajoute-t-il, l'opinion du duc de La Rochefoucauld-Liancourt, telle qu'il l'a exposée dans son Rapport du Comité de mendicité de la Constituante; voir H. Sée, *Les idées économiques et sociales du Comité de mendicité de la Constituante*, dans les *Annales historiques de la Révolution française*, ann. 1926.

[3] Tandis qu'en Angleterre elle en représente la moitié. En réalité, c'était une grande force pour la France du xviii° siècle d'être le pays le plus peuplé de l'Europe.

tifique ; Moheau se distingue par la largeur de ses idées, et il aperçoit le problème dans toute son ampleur [1].

L'administration, dans les vingt dernières années de l'ancien régime, se préoccupa vivement de la question de la population et tenta même de dresser régulièrement de véritables statistiques démographiques. Sans doute, la chose n'était pas tout à fait nouvelle ; sans parler des célèbres mémoires des intendants de 1698 au cours du xviii⁰ siècle, le gouvernement avait fait faire, à plusieurs reprises, par les intendants, bien des enquêtes portant sur la population, comme sur la production agricole et industrielle [2] ; mais ces enquêtes n'avaient pas la même ampleur que les tentatives de statistiques qui marquent la fin de l'Ancien régime. En réalité, les données qu'on parvint ainsi à réunir n'avaient aucun degré de certitude ; on se basait sur le nombre des feux, base très défectueuse, car le feu n'était, le plus souvent, qu'une unité fiscale [3].

II. L'INITIATIVE DE L'ABBÉ TERRAY.

Ce fut l'abbé Terray, le Contrôleur général si décrié, et assez injustement, semble-t-il [4], qui, dès 1772, a pris l'initiative de statistiques conçues d'une façon plus rationnelle. Préoccupé d'assurer les subsistances, de régler l'approvisionnement du royaume en grains, il tenait à être renseigné, avec précision, tout à la fois sur le chiffre de la population et sur la quantité des productions ; il voulait que ces deux enquêtes fussent menées concurremment. Ses intentions se manifestent de la façon la plus claire dans son Mémoire au Roi, du 1ᵉʳ août 1773, suivi par une

[1] Voir la nouvelle édition des *Recherches et considérations*, de Moheau, par René GONNARD, Paris, Geuthner, 1912. — Sur tout ce qui précède, voir E. LEVASSEUR, *La population française*, Paris, 1899, t. I⁰ʳ, p. 218 et suiv., et René GONNARD, *Histoire des doctrines de la population*, Paris, 1923, p. 130 et suiv.

[2] Voir, à cet égard, J. DE FONT-RÉAULX, *Notes sur certaines statistiques et dénombrements ordonnés au xviiiᵉ siècle par les intendants du Dauphiné d'après les archives de la Drôme (Revue de géographie alpine, ann. 1922, p. 439-444).*

[3] Voir H. SÉE, *Peut-on évaluer la population de l'ancienne France ? (Revue d'Économie politique, ann. 1924, p. 647 et suiv.).*

[4] Voir René GIRARD, *L'abbé Terray et la liberté du commerce des grains (1769-1774), dans la Bibl. de la Faculté des Lettres de Paris, 1924.*

circulaire aux intendants, du 9 septembre. « Deux bases sont nécessaires, disait-il : la première, la population ou le nombre des consommateurs ; la seconde, la quantité des productions », et il considérait le second objet comme encore plus important que le premier : il voulait obtenir une statistique agricole absolument précise ; il pressait les intendants de s'en occuper activement, tout en prenant tous les ménagements possibles pour ne pas donner prise aux « méfiances si ordinaires des habitants de la campagne [1] ».

Pour obtenir des statistiques de la population, il avait, dès 1772, indiqué une méthode féconde. Il ordonnait à tous les intendants de faire chaque année (et en remontant à l'année 1770) le relevé des naissances, mariages et décès. Il indiquait avec précision la façon dont le travail devait être fait [2]. Ce n'est pas un dénombrement que Terray demande, mais le relevé des registres de naissances, mariages et décès, qui sera fait chaque année par les greffiers des juridictions royales. Terray écrit aux intendants :

Les états que je vous demande doivent renfermer huit colonnes : la première contiendra le nom des paroisses ; la deuxième, celui des chapitres, communautés, hôpitaux ou autres églises, où l'on tient des registres des baptêmes, mariages ou sépultures ; la troisième, le nombre des naissances ; la quatrième, celui des mariages ; la cinquième, celui des morts ; la sixième, celui des professions en religion ; la septième, celui des sujets morts dans cet état ; enfin, la huitième servira pour les observations que vous jugerez à propos de faire, soit sur les causes de mortalité ou de dépopulation, s'il en survient de notables, soit sur les autres objets qui vous paraîtront susceptibles d'être mis sous les yeux de l'administration. Vous terminerez cet état par une récapitulation par chaque élection, et vous y joindrez la récapitulation générale de votre département.

Pour plus de commodité, les paroisses de chaque élection devront être mises par ordre alphabétique. Il sera bon de remettre aux greffiers des états imprimés. On aura soin aussi de distinguer les sexes dans ces relevés.

C'est en procédant à peu près de cette façon que Messance avait fait son travail de recherches, qui portait sur plusieurs généralités. Or, Messance était le secrétaire de l'intendant d'Auvergne, M. de

<hr>

[1] Voir René GIRARD, *L'abbé Terray et la liberté du commerce des grains (1769-1774)*, dans la Bibl. de la Faculté des Lettres de Paris, 1924, p. 106 et suiv.

[2] Voir le texte de la circulaire de Terray, reproduit par LEVASSEUR, *op. cit.*, t. Iᵉʳ, p. 250, note 1.

La Michodière, qui, au contrôle général, devait s'occuper tout spécialement de la statistique, à partir de 1772 [1]. Il n'est pas téméraire de penser que c'est La Michodière qui a été le véritable rédacteur de la circulaire de Terray. En tout cas, pendant de longues années, en qualité de conseiller d'État, il devait suivre et contrôler les états de population envoyés par les intendants.

Ce travail de statistique démographique fut entrepris dès 1772 et fut poursuivi avec persévérance jusqu'à la fin de l'Ancien Régime. Comment a-t-il été fait en réalité ? Et quelle en est la valeur ? Telle est la question que nous nous proposons d'examiner, en prenant comme cadre la Bretagne, en étudiant les nombreux documents conservés dans le fonds de l'intendance de Rennes [2].

Quant à la statistique agricole, on commençait seulement à la mettre en train, en 1774, comme nous le montre une circulaire imprimée du subdélégué de Nantes aux recteurs [3] de son département (30 juillet 1774) [4]. Elle indique clairement le détail des renseignements sur lesquels doit porter l'enquête :

1° Le nombre des marchés ou des foires de la paroisse ;
2° Le nombre de journaux ou de charrues ;
3° Le nombre des journaux cultivés à la main ou en grains ;
4° La quantité de chaque espèce de grains ensemencée (indiquer les boisseaux et les poids) ;
5° La récolte, année commune, de chaque espèce de grains et sa proportion avec la semence ;
6° La récolte de l'année présente ;
7° Le nombre de journaux de vignes ;
8° La récolte du vin (fixée en tonneaux), et aussi la récolte du cidre et du poiré ;
9° Le nombre des bestiaux, en distinguant chaque espèce ;
10° La production du chanvre et du lin ;
11° La superficie des bois taillis, des futaies et des landes.

D'ailleurs, en ce qui concerne la statistique des productions,

____

[1] On a même parfois affirmé que La Michodière était le véritable auteur des *Recherches* publiées sous le nom de Messance.

[2] Arch. d'Ille-et-Vilaine, C 1400-1436.

[3] Rappelons, une fois pour toutes, qu'en Bretagne, on appelle recteurs les curés, et que le mot *curé* a le sens de vicaire ou de desservant d'une *trève* ou succursale.

[4] Arch. d'Ille-et-Vilaine, C 1401.

l'intendant spécifie[1] qu'il ne faut pas s'adresser seulement aux recteurs, mais à toutes les personnes connues pour leur zèle et leur exactitude. Il ajoute que le dénombrement de la population et celui des productions ne devront pas se faire en même temps, car ce serait une surcharge pour les personnes qui y seront employées, et que le dénombrement de la population devra être fait en premier. La statistique de la production doit être encore plus malaisée à dresser que le dénombrement de la population. C'est ce qu'indique nettement le subdélégué de Nantes à l'intendant[2] :

Le dénombrement n'éprouvera pas de grandes difficultés dans les paroisses des campagnes, plusieurs recteurs se l'étant déjà procuré. Mais il n'en sera pas de même de l'état des productions. Les recteurs craignent de se rendre odieux à leurs paroissiens et eux-mêmes ne sont pas sans inquiétude...

En réalité, la grande statistique agricole, que rêvait Terray, ne put aboutir. Le gouvernement obtint seulement les quelques renseignements très généraux et plus ou moins précis, que les subdélégués lui fournirent dans les observations qui accompagnaient les états de population[3].

III. TURGOT ET LE DÉNOMBREMENT DE LA POPULATION.

Lorsque Turgot arrive au pouvoir, lorsqu'il devient contrôleur général, il reprend l'œuvre commencée par Terray, en ce qui concerne du moins la statistique de la population. Il suit la méthode indiquée par son prédécesseur et essaye même de la perfectionner.

Sans doute, Turgot ne pouvait songer à faire faire un recensement complet; l'administration ne disposait pas de moyens suffisants pour entreprendre ce travail. Mais, en faisant faire, dans chaque subdélégation, les dénombrements de la ville principale et de trois paroisses de campagne (une grande, une moyenne et une petite) et en comparant ces dénombrements avec les relevés des

[1] Lettre de l'intendant à Ballays, subdélégué de Nantes, du 29 juillet 1774. (Arch. d'Ille-et-Vilaine, C 1401.)
[2] Dans sa lettre du 28 juin 1774. (Arch. d'Ille-et-Vilaine, C 1401.)
[3] Voir ci-dessous.

registres de l'état civil, on pourrait obtenir l'indice numérique, le chiffre par lequel il conviendrait de multiplier le nombre des naissances pour déterminer le chiffre même de la population [1].

Par contre, il semble que Turgot ait renoncé à la statistique des productions, à laquelle Terray attachait tant de prix.

Le dénombrement de la population est tout à fait partiel. On ne l'opérera que dans la ville de résidence du subdélégué et dans trois paroisses de campagne de chaque subdélégation (une grande, une moyenne et une petite). On évitera de choisir une paroisse où une épidémie se sera produite. D'autre part, il ne sera pas né-cessaire de donner les noms des habitants, mais l'on devra faire le dénombrement avec la plus grande exactitude possible :

Il ne doit pas être fait par aperçu, d'après les cotes de capitation ou le nombre de feux et ménages, mais par le calcul le plus exact du nombre effectif d'habitants de tout âge et sexe, maîtres, valets, laboureurs, journaliers, etc.

Le subdélégué devra se charger du dénombrement de la ville où il réside, et, en ce qui concerne les paroisses de campagne, « il écrira, soit aux recteurs, soit aux syndics, soit à telle personne de confiance » [2].

[1] Voir la circulaire de l'intendant aux subdélégués, du 25 juillet 1774. (Arch. d'Ille-et-Vilaine, C 1401) : « Les relevés des registres ne peuvent faire connaître les progrès de la population et en suivre la vicissitude, si l'on n'a pas un terme de comparaison capable d'asseoir la présomption du nombre réel d'habitants d'après celui des naissances d'une année... Le rapport qui se trouvera entre le nombre des individus existant dans les villes ou paroisses dénombrées et celui des naissances d'une année commune dans ces mêmes lieux, servira de règle pour déterminer à peu près le nombre des habitants des autres paroisses, dont le dénombrement n'aura pas été fait. »

[2] Circulaire du 25 juillet 1774. (Arch. d'Ille-et-Vilaine, C 1401). — L'intendant envoie aux subdélégués « le modèle de l'état » qu'ils auront à remplir. Il comprend huit colonnes :

HOMMES MARIÉS.	FEMMES MARIÉES.	VEUFS.	VEUVES.	GARÇONS.	FILLES.	JOURNALIERS.	
						Hommes.	Femmes.

On notera aussi le nombre des ecclésiastiques séculiers, des religieux et des religieuses. (Circulaire aux subdélégués, du 3 août 1774, ibid., C 1401.) :

Le dénombrement de la population, tout restreint qu'il fût, se heurta cependant à de grosses difficultés.

A cet égard, il faut distinguer les villes et les paroisses de campagne.

Les subdélégués, même pour le dénombrement de leur ville principale, ne savent pas bien au juste comment procéder. Ils se proposent de suivre, de surveiller le travail; mais à qui s'adresser? Parfois, ils comptent sur les autorités municipales; mais ils n'ont sur elles aucun pouvoir administratif; seul, l'intendant peut leur demander le travail en question. Le subdélégué de Vannes écrit[1]:

La communauté de ville est en état de faire le dénombrement beaucoup mieux et plus promptement [que moi] par le moyen des dix officiers, qui, conjointement avec les sergents de quartier, sont chargés de faire les rôles, tant pour les impositions que pour les logements. Il convient donc que vous lui écriviez.

A Brest, le subdélégué ne pourra faire le dénombrement qu'avec l'aide des officiers de la milice bourgeoise; mais «il faut que l'ordre leur en soit donné par la municipalité»[2]. A Tréguier, le subdélégué se propose de choisir un homme intelligent et sachant écrire; «tel, par exemple, le nommé Marquet, héraut de la communauté de Tréguier; au moyen de quelque rétribution, il se transportera dans toutes les maisons de cette ville; il y prendra la note exacte du nombre effectif des habitants». Mais le subdélégué demande à l'intendant si, dans le dénombrement de la ville, il faut compter les écoliers du collège, les communautés religieuses et les ecclésiastiques, «ce qui me paraît inutile, ajoute-t-il, s'il est vrai que l'objet du gouvernement soit de connaître les progrès de la population et d'en suivre les vicissitudes[3]».

Le subdélégué de Quimperlé éprouve une autre difficulté. Il y a,

---

[1] Lettre du 2 août 1774. (*Ibid.*, C 1401.)

[2] Lettre du 1ᵉʳ août 1774. (*Ibid.*, C 1401.)

[3] Lettre du 29 juillet 1774. (*Ibid.*, C 1401.) L'intendant répond qu'il faut comprendre ces personnes dans le dénombrement. — Le subdélégué de Fougères, M. de Villecourte, se montre plus actif : il ne confiera l'opération à personne; il ira lui-même dans chaque maison, le rôle de la capitation à la main, «pour s'assurer du nombre des habitants» (lettre du 30 juillet 1774, *ibid.*, C 1401).

dans la ville de Quimperlé, toute une population flottante de mendiants, qui viennent de la campagne :

Il y a quelquefois dans une seule chambre trois ou quatre familles, qui
occupent un coin, où ils placent, sinon un lit, car ils n'en ont pas tous,
quelques bottes de paille sur lesquelles ils couchent, et courent la ville le
jour pour mendier [1].

D'ailleurs, le subdélégué n'enverra son état qu'à la Saint-Michel
(29 septembre), car c'est l'époque où l'on est «dans l'usage de
changer de logement [2]».

Dans les paroisses rurales, le dénombrement est beaucoup plus
difficile encore que dans les villes. Les subdélégués de Redon [3] et
de la Roche-Bernard [4] sont parvenus à obtenir des états satisfaisants. Le subdélégué de Fougères y réussit aussi, grâce aux mesures
qu'il a prises :

J'ai cru devoir me transporter dans chaque paroisse, quoiqu'il y en ait
une éloignée de plus de quatre lieues de chez moi, pour dissiper les alarmes
que leur avait causées la seule annonce de mon opération. J'y ai conféré
avec les recteurs et quelques habitants, que je connais intelligents, auxquels
j'ai remis un double de l'état imprimé, après leur avoir donné mes instructions et assigné à chacun d'eux un canton de leur paroisse pour y aller faire
le dénombrement; de leur travail réuni, j'ai formé les trois états ci-joints [5].

Mais ailleurs, les subdélégués ne savent à qui s'adresser. Les
syndics sont déjà accablés de besogne; qui voudrait se charger
d'une tâche aussi pénible que le dénombrement sans recevoir «un
honnête salaire? [6]». Personne, déclare le subdélégué de Tréguier,
n'accomplira ce travail [7]; il ajoute :

Je pense que le plus expédient serait qu'il vous plût assigner une rétri-

[1] Lettre du 19 septembre 1774. (Arch. d'Ille-et-Vilaine, C 1401.)

[2] Lettre du 27 juillet 1774. (*Ibid.*, C 1401.)

[3] Lettre du 5 septembre 1774. (*Ibid.*, C 1401.)

[4] Lettre du 31 juillet 1774. (*Ibid.*, C 1401.)

[5] Lettre du 30 août 1774. (*Ibid.*, C 1401.) — Dans une lettre du 30 juillet
1774, le subdélégué de Fougères, montrant la difficulté d'employer les syndics,
écrivait : «Ne serait-il point plus expédient de rendre une ordonnance qui enjoindrait à tous chefs de famille de donner, dans quinze jours pour tout délai, leurs
déclarations à MM. les recteurs du nombre de personnes de chaque maison? Ces
déclarations me seraient remises pour vous les faire passer.» (*Ibid.*, C 1401.)

[6] Voir la lettre du subdélégué de Saint-Pol-de-Léon, du 12 août 1774.
(*Ibid.*, C 1401.)

[7] Lettre du subdélégué de Tréguier, du 29 juillet 1774.

bution telle quelle à chacun des trois hommes que je chargerais de ce
relevé dans les trois paroisses, soit notaire ou sergent, soit les collecteurs
mêmes de la capitation, parce que, les rôles portant le nombre des contri-
buables et de leurs domestiques, il paraît que le relevé à faire ne tombe
que sur le nombre des enfants de chaque contribuable...

La plupart des subdélégués insistent sur l'indolence et même la
mauvaise volonté des prêtres paroissiaux, des recteurs : « Je prévois
bien des difficultés, déclare Saint-Maudé Frogerays, subdélégué de
Quimperlé[1], et plus de la part des recteurs que de tout autre; ces
Messieurs ont une singulière façon de penser. »

Toutefois, il faut compter aussi et surtout sur les méfiances des
paysans, pour lesquels tout dénombrement semble l'annonce de
nouveaux impôts. C'est ce que montre bien nettement la même
lettre du subdélégué de Quimperlé :

Je crois même que je serais obligé d'aller dans les trois paroisses [de
campagne] et que ce transport sera nécessaire pour conférer avec les
paysans les plus intelligents, auxquels, sans découvrir les motifs des
instructions que je leur demanderai, *je ferai croire que c'est la seule curiosité
qui me porte à m'informer de la quantité de personnes* qu'il y a dans leur paroisse, et, pour y parvenir, il convient d'entrer dans quelques détails; par
exemple, ayant su le nombre des feuillettes ou frairies, je demanderai
le nombre des chefs et de leurs enfants. C'est, selon moi, le
seul moyen de parvenir à un dépouillement qui conduira à savoir combien
il y a d'individus dans chacune des trois paroisses.

Quelles démarches compliquées! Et quelle circonspection! C'est
que les paysans redoutent toujours l'établissement de nouveaux
impôts. Rien de plus caractéristique, à cet égard, que la lettre du
subdélégué de Quimperlé, du 17 septembre 1774[2] :

Quoique j'aie usé de ménagements pour me procurer les éclaircissements dont j'avais besoin, et me mettre en état de remplir les états avec
exactitude, il m'a été impossible d'y parvenir. Il s'est répandu un bruit
dans les trois paroisses, et qui s'est étendu à tous les centres de ma subdélégation, que, si on donnait les éclaircissements que j'ai demandés, on
serait taxé par personnes indistinctement, grands ou petits, hommes ou
enfants, enfin qu'aucun individu n'en serait exempt. Et, ce qui pis est, c'est
que les recteurs et notables, loin de prévenir le peuple, ont refusé de me
seconder dans mes recherches, ce qui me met dans l'impossibilité de pou-

[1] Lettre du 27 juillet 1774. (Arch. d'Ille-et-Vilaine, C 1401).
[2] *Ibid.*, C 1401.

voir, comme je l'avais compté, envoyer les états de dénombrement de ces trois paroisses [de campagne]. Je formerai seulement celui de cette ville, que je vous enverrai à la fin de l'année... "

En fait, le travail de dénombrement partiel, ordonné par Turgot, semble n'avoir pas abouti. Les papiers de l'intendance ne contiennent que très peu de ces états, que l'on avait demandé aux subdélégués de fournir. Après la chute de Turgot, l'administration semble avoir renoncé complètement à faire faire ces dénombrements, qui, d'ailleurs, ne devaient être que des « sondages » et que l'on ne saurait, en aucune façon, assimiler à de véritables recensements[1].

IV. LE MOUVEMENT DE LA POPULATION.
COMMENT S'EN FONT LES RELEVÉS.

Au contraire, jusqu'à la fin de l'ancien régime, le gouvernement se fit renseigner sur le mouvement de la population, en faisant faire, sur les registres paroissiaux, le relevé des naissances, mariages et décès.

Terray, on l'a vu, avait ordonné aux intendants de faire faire ce travail par les greffiers des sièges royaux, ce qui était possible, car le double des registres devrait être envoyé dans les greffes de ces sièges.

De 1774 à 1789, les greffiers continuèrent à opérer ces relevés. Mais, en même temps, le gouvernement fit dresser, par les subdélégués de l'intendant, des états annuels du mouvement de la population de leur subdélégation, états qui doivent comprendre les états de chacune des paroisses du ressort. Les subdélégués s'adresseront directement aux recteurs et curés, ainsi qu'aux communautés religieuses et aux hôpitaux, qui seront munis d'imprimés uniformes.

La circulaire de l'intendant aux subdélégués, de 1775, donne, à cet égard, toutes précisions désirables[2].

---

[1] La lettre de Turgot à l'intendant Caze de la Bove, du 10 décembre 1776 (*ibid.*, C 1401) marque bien l'échec de la tentative : « J'aurais fort désiré que vous eussiez pu joindre au relevé des naissances, mariages et morts les dénombrements effectifs d'un certain nombre de paroisses de la ville et de la campagne. Je vous prie de prendre pour y parvenir les mesures les plus promptes et les plus sûres. »

[2] Arch. d'Ille-et-Vilaine, C 1400.

CIRCULAIRE DE L'INTENDANT AUX SUBDÉLÉGUÉS.

(1775).

1° Vous voudrez bien envoyer aux recteurs et curés des paroisses et trèves de votre département les lettres et les états ci-joints, pour leur demander les relevés des baptêmes, mariages et sépultures de l'année 1774.

2° Vous enverrez de même aux supérieurs des chapitres, communautés religieuses et hôpitaux, les imprimés qui leur sont destinés; et à cet égard vous devez redoubler d'attention pour qu'ils vous soient remis exactement après avoir été remplis, parce que, ces maisons étant dans l'usage de ne déposer leurs registres aux greffes que tous les cinq ans, les greffiers ne peuvent remplir cette partie des instructions portées dans la lettre que vous leur écrirez de ma part.

3° Quand vous aurez rassemblé les états, tant des recteurs et curés que des communautés religieuses, chapitres et hôpitaux, vous voudrez bien les reporter sur l'état que je joins ici, et qui contient les noms des paroisses, trèves, maisons religieuses et hôpitaux de votre subdélégation, en observant de porter les morts des hôpitaux dans la colonne des morts des paroisses et d'en présenter séparément le nombre, soit que les hôpitaux aient droit de sépulture, soit qu'elles se fassent dans l'église paroissiale. Dans le dernier cas, les administrations de ces hôpitaux vous remettront un relevé des morts que vous porterez séparément, après avoir déduit le nombre de ces morts du total des morts de la paroisse. Cet état général rempli, vous voudrez bien me l'adresser avec les états particuliers des recteurs, curés et supérieurs des maisons religieuses, chapitres et hôpitaux.

Quant à la colonne d'observations, c'est moins des recteurs que j'attends les renseignements qui doivent la remplir, que de vous-même, quoique mon intention ne soit pas de négliger celles des recteurs qui vous paraîtront mériter attention, et qui porteraient sur des faits dont la connaissance du local les met dans le cas d'être parfaitement informés. Vous voudrez bien m'instruire, à cet égard, des causes qui peuvent être préjudiciables à la population, ou en favoriser les progrès; des raisons qui pourraient faire varier les proportions assez généralement reçues entre les naissances et les mariages. A ces observations, je vous prie d'en joindre de générales sur le climat, l'agriculture, le commerce, le naturel des habitants, et sur les genres d'industrie particuliers à votre département, les maladies qui ont pu régner pendant le cours de l'année 1774.

J'espère que vous ne négligerez aucune partie de ce plan, dont l'exécution est absolument nécessaire pour remplir les vues du Gouvernement. Si quelques recteurs tardaient trop à vous faire passer le relevé de leurs registres, vous voudrez bien m'en faire part, en m'indiquant le nom des paroisses : je prendrai alors le parti d'écrire directement à ceux qui seraient dans ce cas, ainsi que mon prédécesseur l'a fait l'année dernière.

Comment les subdélégués procèdent-ils au travail? Ils se font envoyer par les recteurs et curés les états de chaque paroisse, et ils dressent un état général, qu'ils confrontent avec l'état dressé par le greffier du siège royal. Ils constatent parfois qu'il n'y a pas une concordance complète [1].

D'où proviennent les erreurs? Il semble que les greffiers, qui reçoivent une gratification de 3 deniers par article, se sont acquittés avec assez de conscience de leur tâche, bien qu'on leur reproche parfois de ne pas y apporter toute la diligence désirable [2]. Le 22 juillet 1776, le subdélégué de Saint-Brieuc se plaint du greffier du siège royal, qui ne lui a pas encore « livré son relevé », bien que, depuis longtemps, les recteurs aient envoyé leurs états : « il n'est point d'année, ajoute-t-il, que je ne sois obligé de refaire tout son ouvrage ». Le 29 juillet de la même année, le subdélégué d'Auray écrit que le greffier se refuse à dresser son état [3]. — Mais les plaintes de ce genre sont relativement rares.

Au contraire, les subdélégués, chaque année, ne cessent de reprocher aux prêtres paroissiaux leur négligence et leur indolence. Ici, les exemples à citer seraient innombrables. Dans la subdéléga-

---

[1] Lettre à l'intendant de M. de Saint-Maudé Frogerais, du 18 septembre 1775 (Arch. d'Ille-et-Vilaine, C 1400) : « J'ai enfin reçu l'état que le greffier m'a remis des naissances, mariages et sépultures pour 1774. L'examen que j'ai formé sur ce que les recteurs m'ont fait parvenir m'a fait apercevoir bien des différences, mais je ne saurais dire d'où elles proviennent ».

[2] L'intendant envoie seulement le 19 janvier 1784 l'état de la population de 1782; ce retard « vient du retard de plusieurs greffiers » (Lettre à Calonne, Ibid., C 1400). Turgot écrivait à Caze de la Bove, le 10 décembre 1776 : « Je vous prie de recommander aux greffiers d'apporter dorénavant la plus grande exactitude dans ce travail, la remise que vous leur distribuerez ne leur étant accordée qu'à cette condition » (Ibid., C 1400).

[3] « Il y a toute apparence, ajoute-t-il, que c'est quelqu'un en place qui lui suggère une partie de ses mauvaises idées » (Ibid., C 1400). Le subdélégué de Morlaix, le 11 août 1775, se plaint de la négligence du greffier; à la même date, le subdélégué de Quimperlé déclare qu'il n'a pas encore reçu l'état du greffier, « bien que je le presse sans cesse ».

tion de Rennes, en 1776, on n'a pu obtenir les états de Saint-
Étienne, de Rennes, de Saint-Martin-de-Janzé, de Thorigné, des
Carmes de Rennes [1]. Le subdélégué de Lamballe, en 1783, déclare qu'il faut écrire deux fois à la plupart des recteurs et que les
états de 10 paroisses lui manquent encore. En 1784, le subdélégué
de Châteaubriant se trouve en retard, parce que sept états de
paroisses lui font défaut [2]. En 1779, le subdélégué de Rennes,
dans sa lettre à l'intendant du 1er septembre [3], craint que la mauvaise volonté des recteurs ne devienne générale :

J'ai l'honneur de vous adresser les états de population de la subdélégation de Rennes pendant l'année 1778; j'ai répété mes instances auprès de
quelques recteurs sans pouvoir obtenir d'eux les états particuliers de leurs
paroisses; il faudra bien y suppléer par l'état général pris au greffe, puisque M. le Garde des sceaux et M. le Directeur général ne veulent pas les
forcer; il est à craindre que les motifs ou les prétextes que nombre d'oppo-
sants allèguent pour excuser leur refus ne soient successivement adoptés
par tous leurs confrères, ce qui dérangerait le plan général d'une opération
qu'on croit utile. Quand ils seront tous réunis, il sera très difficile de les
forcer; et il serait peut-être encore très facile d'intimider le petit nombre
de ceux qui résistent aujourd'hui.

L'administration désirerait que l'intendant n'eût plus recours aux
états dressés par les greffiers, car il faut leur accorder une alloca-
tion, que l'on pourrait économiser. La Michodière écrit à l'intendant Bertrand de Molleville :

Permettez-moi, à l'occasion de cette dépense [de 3 deniers par article],
de vous observer que, dans le plus grand nombre des généralités du
royaume, il n'est plus question d'employer les greffiers des bailliages ou
sénéchaussées pour avoir le nombre des baptêmes, des mariages et des
morts des paroisses de leur ressort.

L'administration trouve même que les états des curés sont plus
justes que ceux des greffiers, car les curés n'ont aucun intérêt à
grosssir le nombre des actes [4].

[1] Lettre de Varin du Colombier, subdélégué de Rennes, du 25 juillet 1776
(*Ibid.*, C 1400).
[2] Lettre du 15 août 1784 (*Ibid.*, C 1430).
[3] *Ibid.*, C 1400.
[4] Lettre du 31 décembre 1784 (Arch. d'Ille-et-Vilaine, C 1400). Remarquons que l'intendant de la généralité de Caen, Esmangard, dans une lettre à

L'intendant répond, le 4 février 1785 [1], qu'en Bretagne on ne saurait se contenter des relevés faits par les prêtres :

Mes prédécesseurs avaient tenté de se passer du secours des greffiers ; mais, malgré les lettres qu'ils ont écrites aux curés, malgré les invitations faites à ce dernier par les évêques, il n'a jamais été possible d'obtenir des relevés exacts. Il y en a même un grand nombre, et principalement les curés des grandes villes [2], qui ont constamment refusé leurs états ; mais les états, qui me sont remis par un grand nombre, servent à contrôler ceux des greffiers et vous pouvez assurer à M. le Contrôleur général qu'ils sont faits avec la plus grande exactitude [3].

D'ailleurs, il est possible que les registres paroissiaux ne soient pas toujours tenus comme il conviendrait. C'est ce que pense le greffier du siège de Dinan, en 1743, lorsqu'il demande qu'on envoie dans toutes les paroisses des «formules» des actes de baptêmes, mariages et sépultures, «afin que les sieurs recteurs et curés s'y conforment exactement et n'omettent rien, étant notoire qu'on est souvent obligé d'avoir recours aux autorités supérieures pour prouver l'existence des individus» [4].

Il est permis aussi de se demander si l'inexactitude des recteurs et curés provient seulement de leur indolence, si elle ne procède pas d'une cause plus profonde. Ne subissent-ils pas l'influence d'une autorité supérieure ? Nous savons, en effet, que les États de Bretagne n'ont cessé de se montrer hostiles aux enquêtes et aux tenta-

Turgot, du 20 janvier 1776, se plaint de «la lenteur des curés, qui négligent de déposer, dans les premiers mois de l'année, leurs registres dans les greffes des bailliages d'où leurs paroisses ressortissent» (*Œuvres de Turgot*, éd. SCHELLE. t. V, pp. 428-429).

[1] Arch. d'Ille-et-Vilaine, C 1400.

[2] Voir la remarque du subdélégué de Rennes, de 1785 (*Ibid.*, C 1432) : «MM. les recteurs des paroisses de la ville [de Rennes] ne fournissent point les relevés de leurs registres, disant n'être pas obligés à ce travail, quoiqu'on leur ait adressé cette année les états imprimés avec la lettre du subdélégué, et, depuis les lettres itératives de M. l'Intendant, il n'y a que le recteur de Saint-Germain et celui de Saint-Jean qui aient renvoyé l'état demandé».

[3] Voir aussi la lettre de l'intendant à Calonne, du 18 mars 1785 (*Ibid.*, C 1400) : «Les erreurs dans les chiffres des paroisses proviennent de la négligence de beaucoup de curés, qui, malgré les différentes invitations qui leur sont faites de donner des relevés exacts de leurs registres, s'y refusent ou en donnent dont on ne peut se servir... Les états, que les greffiers fournissent d'après la vérification faite du petit nombre de ceux des curés, sont exacts.»

[4] *Ibid.*; C 1429.

tives de statistiques, ordonnées par le pouvoir royal. Une délibération des États du 9 février 1775 déclarait :

Les subdélégués de l'Intendant avaient l'année dernière [1774] écrit
circulairement à MM. les Recteurs, pour qu'ils leur envoyassent le dénombrement des habitants de leurs paroisses et qu'ils leur marquassent leurs
différents états, conditions et facultés, le détail des biens-fonds et leur
valeur, la nature et la valeur du commerce qu'on y fait, le nombre de
leurs bestiaux. Les États chargent la commission intermédiaire et leur procureur général syndic de veiller et de s'opposer à ce qu'une pareille nou-
veauté ne s'introduise pas dans cette province.

Les États restèrent fidèles à cette ligne de conduite. En avril
1787, le procureur général syndic, M. de Botherel, écrivait à la
commission intermédiaire de Quimper :

J'ai été instruit que certains particuliers faisaient des informations dans
différents cantons de la province, pour savoir combien il y avait de feux,
quelle était la nature de leur sol, de leurs productions, l'espèce de commerce, la quantité de grains et de fruits qui y croissent, etc. Ces informations étant contraires aux vœux des États et à la tranquillité publique, je
les ai, en conséquence, dénoncées à M. le Procureur général du roi. Si
vous avez connaissance de pareilles perquisitions, veuillez m'en instruire.
Je solliciterai le ministère public de réprimer ces inquisitions, qui peuvent
jeter l'alarme dans l'esprit des propriétaires et de leurs fermiers et même
être préjudiciables à l'intérêt de la Province [1].

C'est que les États redoutaient toute innovation en matière d'impôts, qui pourrait atteindre les privilégiés, et toute enquête portant
sur les questions économiques leur était suspecte. Les Parlements,
animés des mêmes sentiments, se montraient hostiles aussi à toute
tentative de statistique démographique [2].

Quoi qu'il en soit, l'intendant de Bretagne éprouve souvent de

---

[1] Arch. du Finistère, C 76 ; reproduit par J. Savina, *Plougastel-Saint-Germain
au xviii* siècle*, pp. 9-10 (extr. du *Bulletin de la Société archéologique du Finistère*, an. 1920). — Voir aussi un passage significatif de la lettre de M. de la
Michodière à l'intendant, du 31 décembre 1784 : «Peut-être ce serait vous com-
promettre que de vous adresser aux curés, si vous n'étiez pas d'accord avec les
principaux administrateurs de notre province.» (Arch. d'Ille-et-Vilaine, C 1400).

[2] Le Parlement de Rouen, vers 1760, faisait défense aux curés de répondre
à l'évêque d'Avranches, puis à l'abbé Expilly, qui leur demandaient des renseignements sur la population et le commerce ; voir M. Marion, *Dictionnaire des
institutions de la France*, Paris, 1923, p. 518.

la peine à envoyer, en temps voulu, les états de population de la province. Ainsi, l'état de 1782 n'a pas encore été envoyé au Contrôleur général, le 29 décembre 1783 [1].

V. LES ÉTATS DE LA POPULATION ET LEUR VALEUR.

Quelle est la valeur des états de population que, chaque année, l'intendant adresse à l'administration? Ils semblent avoir été dressés avec soin, et ils ont été aussi examinés de très près par le gouvernement central. Celui-ci en effet relève minutieusement les cas douteux, les erreurs possibles et communique ses observations à l'intendant, qui fait faire des enquêtes par ses subdélégués. Ainsi, le 1er mars 1784, Colonne envoie des observations précises à l'intendant sur l'état de la population, qui lui a été adressé le 16 janvier précédent [2]. Ce n'est pas seulement l'état général qui est examiné, mais aussi et surtout les états de chacune des subdélégations. Les subdélégués étudient les cas qui leur sont signalés et donnent à l'intendant des explications précises [3].

Nous considérons comme utile de publier les états de population, qui nous ont été conservés par les Archives d'Ille-et-Vilaine pour la période de 1770 à 1789 [4].

[1] Lettre de Calonne à l'intendant, du 29 décembre 1783 : «Le plus grand nombre de MM. les intendants ont envoyé à M. d'Ormesson l'état des naissances. mariages et morts de l'année 1782» (Arch. d'Ille-et-Vilaine, C 1400).

[2] *Ibid.*, C 1400.

[3] Voir, par exemple, les lettres du subdélégué d'Auray, du 2 avril 1784, du subdélégué de Pontorson, du 5 avril, du subdélégué de Montauban, du 27 avril, du subdélégué de Guingamp, du 14 avril (*Ibid.*, C 1400).

[4] *Ibid.*, C 1400.

ÉTAT DE LA POPULATION DE 1770.

SIÈGES ROYAUX.	NAISSANCES.		MARIAGES.	MORTS.		PROFESSIONS EN RELIGION.		MORTS.	
	GARÇONS.	FILLES.		HOMMES.	FEMMES.	HOMMES.	FEMMES.	HOMMES.	FEMMES.
Rennes	5.089	4.748	1.482	4.126	3.994	1	1	121	89
Antrain	126	124	49	89	130	2	//	//	1
Saint-Aubin-du-Cormier	120	98	100	112	115	//	//	//	//
Fougères	1.183	1.145	325	915	854	//	//	//	//
Bazouges-la-Pérouse	377	349	161	286	262	3	//	//	//
Saint-Brieuc	3.025	3.005	959	2.323	2.327	4	4	1	1
Jugon	163	207	59	53	53	//	//	//	//
Guérande	469	404	148	294	319	//	//	//	//
Vannes	1.366	1.245	495	1.393	1.286	//	5	2	6
Quimper	1.745	1.714	749	1.543	1.402	2	1	3	4
Morlaix	737	735	290	712	728	7	7	12	19
Quimperlé	498	519	177	322	317	//	//	//	//
Auray	766	777	313	633	554	2	3	10	5
Concarneau	601	568	222	286	408	//	//	//	//
Rhuis	155	158	74·	124	121	//	//	3	//

ÉTAT DE LA POPULATION DE 1771.

SIÈGES ROYAUX.	NAISSANCES.		MARIAGES.	MORTS.		PROFESSIONS en RELIGION.		MORTS en RELIGION.	
	H.	F.		H.	F.	H.	F.	H.	F.
ANTRAIN	124	121	64	138	149	4	//	//	//
AURAY	730	700	226	548	514	1	5	9	9
SAINT-AUBIN-DU-CORMIER	125	118	100	110	98	//	7	//	//
BAZOUGES-LA-PÉROUSE	354	358	170	357	321	1	//	//	//
SAINT-BRIEUC	3.091	2.732	1.206	2.228	2.097	5	1	1	3
CONCARNEAU	552	560	254	469	449	//	//	//	//
FOUGÈRES	1.064	1.002	331	1.257	1.107	//	//	//	//
GUÉRANDE	447	400	130	371	346	//	//	//	//
JUGON	209	209	67	49	50	//	//	//	//
MORLAIX	726	647	298	798	813	8	16	3o	20
QUIMPER	1.764	1.748	637	1.681	1.157	1	2	1	5
VANNES	1.276	1.260	459	1.310	1.169	//	4	1	9
QUIMPERLÉ	549	469	242	400	423	//	//	//	//
RENNES	4.877	4.465	1.874	4.182	3.9:8	4	10	//	2
RHUIS	171	140	105	108	118	//	4	//	//
NANTES	7.324	6.920	2.683	5.398	5.434	//	4	15	26
PLOËRMEL	5.559	5.174	1.817	5.107	4.761	//	5	4	9
LANNION	2.547	2.345	1.171	2.303	2.239	//	3	//	3
HÉDÉ	327	303	120	246	158	//	4	15	19
DINAN	1.986	1.895	748	1.513	1.671	//	//	//	//
CHÂTEAULIN	831	806	262	804	790	//	//	//	//
CARHAIX	468	473	163	658	625	//	//	//	//
CHÂTEAUNEUF-DU-FAOU	309	284	106	380	361	//	//	//	1
GOURIN	368	422	143	302	263	//	1	//	//
BREST	1.362	1.247	497	1.201	1.307	//	//	441	6o
LESNEVEN	2.188	2.138	869	2.073	2.105	//	//	//	3
HENNEBONT	2.444	2.337	822	2.188	2.021	//	//	//	//

ÉTAT DE LA POPULATION

RELEVÉ PAR LES GREFFIERS

POUR 1782.

SIÈGES ROYAUX.	NAISSANCES.		MARIAGES.	MORTS.	
	GARÇONS.	FILLES.		HOMMES.	FEMMES.
Antrain	133	128	54	204	202
Auray...................	332	790	466	812	700
Brest...................	1.491	1.372	807	3.788	1.314
Bazouges-la-Pérouse.....	407	337	145	502	418
Carhaix................	893	900	399	1.039	871
Concarneau.............	556	541	274	616	508
Châteaulin.............	899	813	383	977	860
Châteauneuf-du-Faou ...	346	329	131	426	379
Dinan..................	1.959	1.806	806	1.824	1.692
Gourin.................	360	362	142	386	323
Guérande..............	541	456	202	483	501
Hédé..................	330	343	134	371	357
Hennebont.............	2.245	2.230	1.050	2.834	2.132
Jugon.................	644	657	261	473	435
Lesneven..............	2.542	2.452	1.321	2.950	2.678
Lannion	2.718	2.502	1.260	3.302	2.855
Morlaix...............	810	791	479	1.225	1,032
Nantes................	7.212	7.011	3.386	7.397	8.090
Ploërmel..............	5.348	5.012	2.248	6.441	5.765
Quimper...............	1.856	1.805	851	1.893	1.724
Quimperlé	518	456	197	573	476
Rennes................	6.524	6.039	2.669	7.762	6.865
Rhuis.................	152	177	61	149	137
Saint-Brieuc..........	3.030	3.027	1.254	3.231	2.994
Saint-Aubin-du-Cormier .	328	336	128	536	409
Vannes................	1.224	1.113	473	1.340	1.263
Totaux.........	43.898	41.785	19.581	51.534	44.980

ÉTAT DE LA POPULATION
RELEVÉ PAR LES GREFFIERS
POUR 1783.

SIÈGES ROYAUX.	NAISSANCES.		MARIAGES.	MORTS.	
	GARÇONS.	FILLES.		HOMMES.	FEMMES.
Antrain	115	121	78	150	126
Auray	870	886	377	886	866
Brest	1,506	1.449	684	2.543	1.498
Bazouges-la-Pérouse	352	356	164	404	411
Carhaix	887	830	469	1.067	852
Concarneau	586	505	413	1.023	912
Châteaulin	769	779	152	412	361
Châteauneuf-du-Faou	334	314	459	1.146	1.015
Dinan	990	943	158	401	308
Gourin	385	332	221	494	503
Guérande	537	525	128	457	459
Hédé	321	316	1.000	2.300	2.000
Hennebont	2.200	2.000	282	489	453
Jugon	726	699	1.243	2.515	2.414
Lesneven	2.587	2.449	1.402	2.877	2.515
Lannion	2.658	2.411	450	833	683
Morlaix	811	782	3.505	8.797	7.891
Nantes	7.377	6.853	"	"	"
Ploërmel	5.660	5.266	1.921	5.455	5.290
Quimper	1.817	1.870	861	2.196	2.053
Quimperlé	532	523	249	517	457
Rennes	6.168	5.846	2.730	8.818	8.242
Rhuis	186	157	79	163	165
Saint-Brieuc	3.250	2.971	1.514	2.712	2.518
Saint-Aubin-du-Cormier	313	305	124	487	432
Vannes	1.246	1.246	426	1.328	1.301
Totaux	43.193	40.874	19.351	49.156	44.286

ÉTAT DE LA POPULATION
RELEVÉ PAR LES GREFFIERS
POUR 1784.

SIÈGES ROYAUX.	NAISSANCES.		MARIAGES.	MORTS.	
	GARÇONS.	FILLES.		HOMMES.	FEMMES.
Antrain...............	133	139	76	121	129
Auray................	925	842	451	660	657
Bazouges-la-Pérouse....	383	310	166	350	324
Brest.................	1.541	1.520	769	1.403	1.206
Carhaix..............	892	846	395	826	742
Châteaulin...........	793	760	372	929	864
Châteauneuf-du-Faou...	337	298	111	301	301
Concarneau...........	619	563	248	574	527
Dinan................	1.983	1.962	1.060	1.563	1.529
Gourin...............	363	361	123	320	248
Guérande.............	561	515	245	425	412
Hédé.................	345	343	164	331	342
Hennebont............	2.281	2.282	1.138	1.987	1.987
Jugon................	720	671	262	543	470
Lannion..............	2.812	2.676	1.275	2.419	2.147
Lesneven.............	2.728	2.372	1.108	2.759	2.489
Morlaix..............	906	875	414	836	832
Nantes...............	7.274	6.937	3.723	8.048	7.140
Ploërmel.............	5.610	5.384	2.425	5.454	5.147
Quimper..............	1.915	1.850	934	2.281	2.210
Quimperlé...........	522	494	210	445	419
Rennes...............	6.557	6.221	3.465	6.800	6.367
Rhuis................	157	140	92	113	116
Saint-Aubin-du-Cormier..	"	"	"	"	"
Saint-Brieuc.........	3.333	2.254	1.341	2.521	2.598
Vannes...............	1.209	1.221	615	1.030	995
Totaux........	42.618	39.554	20.043	41.059	38.211

ÉTAT DE LA POPULATION

RELEVÉ PAR LES GREFFIERS

POUR 1785.

SIÈGES ROYAUX.	NAISSANCES.		MARIAGES.	MORTS.	
	GARÇONS.	FILLES.		HOMMES.	FEMMES.
ANTRAIN	144	137	91	122	114
AURAY................	871	884	353	888	913
BAZOUGES-LA-PÉROUSE....	422	378	232	568	552
BREST................	1.604	1.546	708	1.593	1.405
CARHAIX..............	912	891	450	831	770
CHÂTEAULIN...........	857	802	377	865	760
CHÂTEAUNEUF-DU-FAOU...	326	311	157	240	241
CONCARNEAU...........	551	571	253	591	550
DINAN................	2.141	2.052	1.117	1.847	1.777
FOUGÈRES	1.350	1.227	634	1.331	1.259
GOURIN...............	362	348	215	320	256
GUÉRANDE	553	503	216	447	473
HÉDÉ................	385	373	157	347	322
HENNEBONT	2.615	2.445	1.398	3.197	3.041
JUGON	667	690	332	618	617
LANNION	2.886	2.561	1.319	2.568	2.529
LESNEVEN.............	2.742	2.591	1.103	2.251	2.038
MORLAIX.............	875	864	410	765	742
NANTES..............	8.369	4.897	4.252	9.130	7.566
PLOËRMEL............	5.926	5.569	2.838	6.483	5.994
QUIMPER.............	1.847	1.853	806	1.950	2.012
QUIMPERLÉ....	608	606	342	607	558
RENNES......	6.684	6.197	3.314	6.868	6.321
RHUIS...............	302	178	77	263	243
SAINT-AUBIN-DU-CORMIER..	342	348	212	446	373
SAINT-BRIEUC.........	3.209	3.173	1.422	3.114	3.014
VANNES..............	1.285	1.242	593	1.595	1.443
TOTAUX........	48,535	46.237	23.378	49.845	45.883

ÉTAT DE LA POPULATION
RELEVÉ PAR LES GREFFIERS
POUR 1786.

SIÈGES ROYAUX.	NAISSANCES.		MARIAGES.	MORTS.	
	GARÇONS.	FILLES.		HOMMES.	FEMMES.
Antrain	131	132	64	97	111
Auray	785	715	242	820	825
Bezouges-la-Pérouse	339	320	137	325	314
Brest	1.547	1.395	618	1.232	1.231
Carhaix	867	820	331	1.100	969
Châteaulin	769	749	366	980	891
Châteauneuf-du-Faou	279	247	88	331	282
Concarneau	496	478	177	741	675
Dinan	1.906	1.894	765	1.715	1.890
Fougères	1.213	1.104	477	1.154	1.330
Gourin	322	391	123	664	542
Guérande	484	491	218	454	451
Hédé	318	320	113	347	370
Hennebont	2.120	1.965	961	3.735	3.821
Jugon	6.621	593	148	603	604
Lannion	2.483	2.371	899	3.898	3.957
Lesneven	2.571	2.381	906	2.689	2.482
Morlaix	816	778	335	1.078	1.029
Nantes	7.305	7.080	3.457	6.951	5.975
Ploërmel	4.820	4.625	1.230	6.634	6.489
Quimper	1.707	1.578	692	2.323	2.298
Quimperlé	446	417	137	823	794
Rennes	6.503	6.071	2.237	6.849	7.199
Rhuis	175	158	50	164	146
Saint-Aubin-du-Cormier	310	313	142	323	341
Saint-Brieuc	2.964	2.732	996	3.384	3.423
Vannes	1.102	1.137	412	1.350	1.369
Totaux	43.399	41.205	16.321	50.764	49.748

ÉTAT DE LA POPULATION POUR 1787.

(Arch. nat., D IV *bis* 43.)

SÉNÉCHAUSSÉES OU SIÈGES ROYAUX.	NAIS-SANCES.	DÉCÈS.	SIÈGES ROYAUX.	NAIS-SANCES.	DÉCÈS.
Vannes.........	2.222	2.884	Dinan.........	3.850	3.274
Guérande......	764	884	Hennebont.....	3.740	6.211
Nantes........	14.078	15.055	Lesneven......	4.737	4.530
Ploërmel......	9.379	11.744	Bazouges......	733	709
Fougères......	2.359	2.357	Saint-Aubin-du-Cormier.....	640	686
Lannion.......	5.054	5.352	Carhaix.......	1.692	1.849
Concarneau.....	948	1.536	Hédé.........	585	594
Antrain.......	292	251	Châteauneuf....	540	632
Quimperlé.....	839	1.657	Morlaix.......	1.620	1.940
Gourin........	623	909	Quimper.......	801	1.066
Jugon.........	1.219	1.037	Châteaulin.....	1.609	1.419
Rennes........	1.440	2.008	Rhuis.........	306	418
Saint-Brieuc....	5.854	6.065	Auray.........	1.550	1.588
Brest.........	3.174	2.375			

Par les tableaux précédents, l'on voit que les Archives d'Ille-et-Vilaine ne contiennent pas les relevés généraux de toutes les années. Mais l'administration centrale a elle-même relevé le mouvement de la population de 1770 à 1787 [1]. C'est ainsi que nous pouvons dresser le tableau suivant :

ANNÉES.	NAISSANCES.	DÉCÈS.	ANNÉES.	NAISSANCES.	DÉCÈS.
1770.....	87.839	72.436	1780....	89.191	100.660
1771.....	86.947	76.353	1781....	91.330	88.708
1772.....	84.722	93.543	1782....	88.401	103.825
1773.....	80.954	102.146	1783....	88.226	98.883
1774.....	80.219	95.768	1784....	90.874	86.608
1775.....	88.084	95.768	1785....	95.396	96.229
1776.....	86.408	85.070	1786....	85.805	103.241
1777.....	92.351	83.705	1787....	84.170	94.380
1778.....	88.885	72.049			
1779.....	89.841	132.275	Total...	1.579.643	1.681.237

[1] Arch. d'Ille-et-Villaine, C 1400. — Ainsi, le 31 décembre 1784, M. de la Michodière envoie à l'intendant «les relevés de la population depuis 1770» (*ibid.*, C 1400).

On voit que, de 1770 à 1787, l'excédent total des décès sur les naissances serait de 101.594, et il serait moins considérable dans les campagnes que dans les villes; en effet, de 1778 à 1787 [1], on compterait dans les villes 122.093 naissances contre 159.850 décès, soit un excédent de décès de 23 p. 100; dans les campagnes, 892.119 naissances contre 972.242 décès, soit un excédent de décès de 8 p. 100 [2].

Sans doute, dans les années normales, les naissances sont sensiblement supérieures aux décès, mais dans les années de crise, de

[1] Ach. d'Ille-et-Vilaine, C 1400.
[2] Voir tableau ci-dessous :

ANNÉES.	NAISSANCES.	MARIAGES.	MORTS.	PROFESSIONS RELIGIEUSES.	MORTS des RELIGIEUX.
VILLES.					
1778	11.804	2.634	11.573	92	122
1779	51.740	2.850	21.846	83	157
1780	11.470	3.022	18.863	83	166
1781	12.049	3.166	14.924	100	171
1782	11.811	2.914	18.760	86	178
1783	11.673	3.268	16.259	84	125
1784	12.187	3.417	12.267	100	105
1785	14,598	3.584	15.491	94	135
1786	12.482	3.062	15.128	96	130
1787	12.279	3.025	14.949	69	152
Totaux	122.073	30.942	159.860	887	1,431
CAMPAGNES.					
1778	77.081	14.933	58.668		
1779	78.101	21.934	110.272		
1780	77.731	19.005	81.628		
1781	79.281	22.353	72.849		
1782	76.590	17.384	84.155		
1783	76.553	17.497	82.499		
1784	78.687	18.431	74.236		
1785	80.798	18.446	80.803		
1786	73.323	14.001	87.993		
1787	71.891	16.915	79.279		
Totaux	770.026	180.900	812.382		
Totaux généraux	892.119	211.842	972.242		

disette, d'épidémie, le déficit des naissances est vraiment considérable. A partir de 1772, l'excédent ne se manifeste que dans la courte
période de 1776 à 1778 et en 1784. En 1772, 1773. 1774,
1775, 1779, 1780, 1782, 1783, 1785, 1786, 1787, le nombre
des naissances n'a pas diminué, mais il y a une très forte mortalité.
C'est l'inverse de ce qui se passe actuellement; au XVIII⁰ siècle, ce
n'est pas la natalité qui est en cause, mais bien la mortalité, provenant des épidémies et de mauvaises conditions économiques.

Or, à considérer la France tout entière, il semble que la population se soit notablement accrue à partir de 1750, même dans la
période de 1770 à 1790, qu'elle se soit élevée de 24 à 26 millions
d'habitants [1]. Dans la plupart des provinces, en Normandie [2], dans
le Roussillon [3], en Bourgogne, dans la vallée du Rhône [4], on constate, à cette même époque, un excédent notable de naissances sur
les décès [5].

Comment s'expliquer ce phénomène? Et ne nous autorisera-t-il
pas à conclure que les conditions économiques sont plus mauvaises
en Bretagne que dans la plupart des autres régions de la France [6]?

VI. LES CAUSES DE LA DÉPOPULATION.

LA MISÈRE ET LES ÉPIDÉMIES.

Les intendants ont recherché les causes de cette dépopulation de
la Bretagne; mais ils n'avaient guère, pour se renseigner à cet égard,
que les observations qui accompagnaient les états de population,
dressés chaque année par les subdélégués.

Ces observations, d'ailleurs, nous paraissent reposer sur une con-

[1] E. LEVASSEUR, *op. cit.*, t. I, p. 207 et suiv., 221 et suiv.

[2] ROBILLARD DE BEAUREPAIRE, *Recherches sur la population de la généralité et
du diocèse de Rouen avant 1789 (Mémoires de la Société des Antiquaires de Normandie*, an. 1870, t. XXVIII, p. 360 et suiv.).

[3] A. BRUTAILS, *Notes sur l'économie rurale du Roussillon à la fin de l'Ancien
Régime (Mém. de la Société agricole, scientifique et littéraire des Pyrénées-Orien-
tales*, an. 1889, t. XXX).

[4] Daniel FAUCHER, *Plaines et bassins du Rhône moyen* (thèse de doctorat ès
lettres), Valence, 1927. p. 592.

[5] Arch. nat., D IV*bis*, 43.

[6] C'est aussi la conclusion qui se dégage de nos *Remarques sur la misère, la
mendicité et l'assistance en Bretagne à la fin l'Ancien Régime (Mém. de la Société
d'histoire de Bretagne*, an. 1925).

naissance assez précise du pays et des faits; on y trouve des renseignements précieux. Quelques-uns seulement des subdélégués, — notamment celui de Tréguier, — rééditent chaque année les mêmes doléances.

Tous les subdélégués s'accordent à attribuer la diminution de la population à la misère et surtout aux épidémies qui en ont été la conséquence. Tous marquent, avec plus ou moins de netteté, le lien qui existe entre ces phénomènes.

Leurs observations montrent que cette misère, plus forte encore dans les campagnes que dans les villes, tient, à la fois, à des causes permanentes et à des causes accidentelles.

Les causes permanentes dérivent de l'état économique et social de la province. Il y a en Bretagne beaucoup de pauvres, surtout dans les campagnes, car les journaliers, qui n'ont pour vivre que le travail de leurs bras, et qui sont en grand nombre, ont des salaires misérables [1]. « Un pauvre journalier de campagne, qui gagne 5 à 6 sous par jour, ne peut pas nourrir sa famille pour peu qu'elle soit nombreuse », déclare le subdélégué de Châteaubriant, en 1774 [2]. Avec 5 sous par jour, remarque le subdélégué de Corlay, à la même date [3], les trois quarts et demi du peuple ne peuvent rien acheter aux marchés et doivent recourir aux meuniers pour se procurer de la farine. En 1782, le subdélégué de Hédé déclare que, malgré la cherté des vivres, les salaires des travailleurs agricoles ne dépassent pas 5 sous par jour [4]. Comment les pères de familles nombreuses pourraient-ils nourrir leur famille? Le subdélégué de Pontivy écrit, en 1774 [5] :

Je connais des pères chargés d'enfants, qui, pour procurer du pain de seigle à leur famille, ne mangent que du pain de son, d'où proviennent ces fièvres malignes et putrides, qui ont emporté beaucoup de monde et ont régné jusqu'à présent. Il est encore certain que les mendiants nuisent à l'aisance et à la tranquillité des campagnes et que les dîmes excessives des seigneurs et des recteurs découragent beaucoup le cultivateur, qui est naturellement grossier, superstitieux et n'a point d'industrie.

---

[1] Voyez, sur cette question, la même étude, *loc. cit.*, p. 107 et suiv.
[2] Arch. d'Ille-et-Villaine, C 1404.
[3] *Ibid.*, C 1404.
[4] *Ibid.*, C 1424.
[5] *Ibid.*, C 1424. — Le subdélégué d'Ancenis déclare, la même année : « Les gens de journée, qui forment la plus grande partie des habitants de la campagne, ne peuvent nourrir leur famille. » (*Ibid.*, C 1424).

Ce qui aggrave la pauvreté des journaliers, dans la seconde moitié et surtout dans le dernier tiers du xviii° siècle, c'est que leurs salaires sont restés à peu près stationnaires, tandis que les prix des denrées, même en dehors des périodes de cherté, n'ont cessé de s'élever [1].

Et, en même temps, les ressources des travailleurs de la campagne diminuent, car beaucoup d'entre eux ont comme appoint la filature ou le tissage des toiles. Or, la décadence de l'industrie de la toile commence à se manifester, dès cette époque, au moins dans certaines parties de la province. « Ce commerce a bien diminué », remarque le subdélégué de Landerneau, en 1774 [2]. A Vitré, c'est une disparition à peu près complète : « Les toiles de Vitré, dit le subdélégué Thomas de la Plesse, en 1774, les toiles, qui autrefois étaient en réputation, sont tombées dans un tel discrédit qu'on en a quasi abandonné la fabrique et que nos voisins viennent nous enlever nos matières premières [3]. » « La décadence des toiles de Fougères, dit le recteur de Saint-Sulpice, en 1778, a forcé plusieurs ouvriers d'aller au loin [4] ». La fabrication des *bretagnes*, de Quintin, reste florissante, mais la guerre de l'Indépendance américaine en a ralenti le commerce et la fabrication, et l'intendant remarque que le nombre des naissances et des mariages a bien diminué de 1779 à 1782; il est vrai qu'il s'élève de nouveau en 1783 et 1784 [5].

Cette pauvreté habituelle d'une bonne partie de la population se transforme en misère, dès que de mauvaises récoltes amènent la disette ou du moins la cherté des vivres [6]. Or, de 1770 à 1789, cette cherté s'est produite fréquemment. En 1770, il y a une crise grave, qui s'est fait sentir dans toute la Bretagne et même dans

---

[1] Sur ce qui précède, cf. H. Sée, *Les classes rurales en Bretagne du xvi° siècle à la Révolution*, Paris, 1906, p. 307 et suiv., et A. Dupuy, *Les épidémies en Bretagne au xviii° siècle* (*Annales de Bretagne*, t. I, 1886, p. 290 et suiv.).

[2] Arch. d'Ille-et-Vilaine, C 1404.

[3] *Ibid.*, C 1404. — De là « une émigration considérable chaque année », dit Thomas de la Plesse, en 1780. » (*Ibid.*, C 1423.)

[4] *Ibid.*, C 1414. — « Plusieurs » a ici le sens de *beaucoup*.

[5] *Ibid.*, C 1432. — Sur ce qui précède, cf. F. Bourdais et R. Durand, *La fabrication et le commerce des toiles en Bretagne au xviii° siècle* (*Comité des Travaux historiques, section d'histoire moderne et contemporaine*, fasc. VII).

[6] Le subdélégué de Guéméné écrit en 1783 : « La cherté des grains a augmenté prodigieusement la foule des malheureux; plusieurs terres restent sans culture, faute de secours. » (Arch. d'Ille-et-Vilaine, C 1430).

toute la France. Tous les subdélégués s'accordent à décrire la misère qui est provoquée par les mauvaises récoltes [1]. En 1771, la misère est moins grande, mais l'on se ressent encore des mauvaises années précédentes. En 1774, nouvelle crise grave. Le subdélégué de Josselin dit, à cette date, qu'«avant la cherté, beaucoup de cultivateurs avaient deux bœufs, souvent même un cheval, plusieurs vaches, un troupeau de moutons»; ils ont été forcés de les vendre et de se défaire même d'une partie de leurs champs [2]. En 1776, 1777, 1778, la situation s'améliore.

Mais voici que la guerre d'Amérique commence à produire de mauvais effets en 1779 et 1780. Puis, de 1783 à 1786, c'est de nouveau une série d'années malheureusess, surtout en 1785 et 1786, car l'année 1784 a été relativement favorable. Plusieurs subdélégués remarquent que le climat s'est modifié : «Depuis plusieurs années, écrit le subdélégué de Pontrieux, en 1784, le climat est sensiblement changé en ce pays. Les hivers, très longs et rigoureux; l'été, extrêmement chaud et sec» [3].

Quoi qu'il en soit, en 1785, sévit une sécheresse, qui «s'est produite dans toute la France et a eu des conséquences déplorables pour la culture. Le bétail a péri, en grande quantité, et il reste très cher, en 1787, car on n'a pu reconstituer le cheptel, et les habitants des provinces voisines, surtout de Normandie, viennent ravager les foires». Cependant, les grains, très chers en 1786, commencent à connaître des prix raisonnables [4]. Partout, en 1787, la récolte des blés s'annonce abondante [5].

On voit très nettement que la cherté enfante la misère, et que

---

[1] Arch. d'Ille-et-Vilaine, C 1402. — Les artisans d'Auray, ne trouvant pas de quoi vivre, s'en vont au loin, abandonnant femmes et enfants (*Ibid.*, C 1402).

[2] *Ibid.*, C 1404.

[3] *Ibid.*, C 1432. — Le subdélégué de Pontivy écrit en 1787 : «La température a, depuis quelques années, changé sensiblement. Un froid continuel se fait sentir dans presque toutes les saisons de l'année, en mai et juin, août et septembre mêmes; au lieu de rosées, ce sont des gelées, souvent même quelque chose de plus, car, les 5 et 6 de juin, il a glacé». (*Ibid.*, C 1432).

[4] Lettre du subdélégué de Pontrieux, de 1787 (*Ibid.*, C 1435).

[5] Lettre du subdélégué de Pontivy, de 1738 (*Ibid.*, C 1436). — Sur tout ce qui précède, voir aussi J. Letaconnoux, *Les subsistances et le commerce des grains en Bretagne au xviii*ᵉ* siècle*, Revues, 1909.

celle-ci a pour conséquence directe les épidémies. Une observation, relative à la région de Rennes, indique fort bien cet enchaînement des faits [1] :

«Cette année 1770 a été remarquable par la disette et la cherté des grains, qui s'étaient déjà fait sentir les années précédentes. Aussi le peuple s'est vu réduit à retrancher son nécessaire, à ne vivre que de mauvais légumes ou de mauvais grains, ou de grains verts qu'il achetait à bon marché; de là, beaucoup de maladies, et par suite des hommes devenus languissants, ou qui ont péri par défaut de subsistance.

La misère, ajoute-t-on, a diminué le nombre des mariages, en campagne et en ville, «par crainte de faire d'autres malheureux», ce qui n'a pas empêché, d'ailleurs, le «libertinage» d'accroître le nombre des enfants naturels.

Ainsi, la misère et les épidémies ont pour effet de diminuer la population. Et, de fait, le déficit de cette population s'est produit précisément dans les années où ont sévi la misère et les épidémies.

Pourquoi les épidémies sont-elles encore si redoutables et meurtrières dans les dernières années de l'ancien régime? Un certain nombre de subdélégués indiquent l'une des raisons essentielles, c'est-à-dire la mauvaise hygiène. Les maisons sont basses, étroites, sans ouvertures suffisantes, humides et malpropres. Les cimetières se trouvent encore au milieu des bourgs [2]; dans les églises, on respire un air méphitique [3]. On ne prend pas soin des eaux potables [4]. A cet égard, le témoignage des subdélégués est confirmé par tous les contemporains, par les médecins et chirurgiens des épidémies [5], par les voyageurs, par Cambry, dans son *Voyage dans le Finistère*, si précis [6].

---

[1] Arch. d'Ille-et-Vilaine, C 1402.

[2] Malgré l'ordonnance du 15 mai 1776, qui prescrivait de les transporter hors des agglomérations.

[3] Voir, par exemple, les observations du délégué de Douarnenez, en 1787 (Arch. d'Ille-et-Vilaine, C 1435).

[4] Observations du subdélégué de Josselin, en 1787 (Arch. d'Ille-et-Villaine, C 1435).

[5] Voir A. Dupuy, *Les épidémies en Bretagne au XVIIIe siècle.* (*Annales de Bretagne*, t. I, p. 115 sqq. et 136 sqq.); H. Sée, *La santé publique dans le diocèse de Saint-Brieuc, d'après les Observations médecinales de Bagot* (*Comité des travaux historiques, Section d'histoire moderne et comtemporaine*, fasc. VIII, 1924).

[6] *Voyage dans le Finistère*, an VII, p. 32 sqq., 54.

3.

Les subdélégués montrent aussi la persistance des épidémies dans les mêmes localités, qu'il s'agisse de « fièvres putrides et malignes » c'est-à-dire de fièvres typhoïdes, de dysenteries, de grippes infectieuses ou de petite vérole. Leurs dires coïncident avec les observations si précises du Dr Bagot, de Saint-Brieuc; et, comme lui, ils affirment que les épidémies sont plus redoutables encore dans les campagnes que dans les villes. Le subdélégué de Pontcroix remarque, en 1786 :

> Les épidémies sont toujours plus fatales dans les campagnes que dans les villes, par le peu de faculté, d'aisance et d'industrie qu'ont les habitants de la campagne pour se procurer les secours nécessaires, et l'indocilité à suivre les prescriptions des gens de l'art [1].

Les subdélégués se plaignent, à tout instant, du petit nombre de médecins ou plutôt de « chirurgiens », dans les campagnes, et aussi de l'incapacité d'un grand nombre d'entre eux. Les paysans, d'ailleurs, se méfient des médecins, trouvent leurs soins trop coûteux et s'adressent de préférence à des empiriques et à des charlatans [2].

On voit encore que la petite vérole est l'une des épidémies les plus fréquentes. Elle atteint surtout les enfants, qui en sont d'autant plus les victimes qu'ils sont très mal soignés [3].

Comme remède, on connaît bien l'inoculation. Mais, dans les campagnes et même dans les villes, on se refuse à l'employer [4]. En 1772, le subdélégué de Nantes observe [5] :

> On se plaint de l'usage trop fréquent de l'inoculation dans la ville même, ce qui répand et perpétue la petite vérole naturelle, au lieu qu'on éviterait ce danger si l'on défendait à tous médecins ou chirurgiens d'inoculer, si ce n'est à une certaine distance de la ville.

Les prêtres eux-mêmes contribuent à entretenir le préjugé si fort contre l'inoculation, en déclarant qu'elle constitue « un crime contre

---

[1] Arch. d'Ile-et-Vilaine, C 1435.

[2] A. Dupuy, op. cit., loc. cit., t. II, p. 190 et sqq.

[3] A Hédé, en 1786, la petite vérole « a enlevé beaucoup d'enfants » (Arch. d'Ile-et-Vilaine, C 1435). — Le subdélégué de Châteaulin, en 1775, dit que « beaucoup d'enfants ont été victimes de la petite vérole, parce que, lorsqu'ils sont à peine remis, les parents les laissent courir à l'air » (Ibid., C 1404).

[4] Voir aussi à ce sujet, H. Sée, La santé publique dans le diocèse de Saint-Brieuc.

[5] Arch. d'Ille-et-Vilaine, C 1402.

la-loi divine » [1]. Des subdélégués eux-mêmes partagent le préjugé
populaire contre l'inoculation ; tel, le subdélégué de Châteaubriant,
qui déclare, en 1787 [2] :

Il est impossible de se servir de l'inoculation dans les campagnes et
parmi le peuple, qui n'a pas les commodités et les facultés suffisantes.
C'est une opération, qui n'est profitable qu'aux riches et tout-à-fait préju-
diciable aux autres. Un riche se fait inoculer et il répand toujours la maladie dans le canton où il se fait inoculer [3].

Par contre, tous les subdélégués s'accordent à montrer l'efficacité
des secours donnés par le gouvernement contre les épidémies, non
seulement en désignant des « médecins et chirurgiens des épidémies », mais en distribuant des remèdes, partout où on en a réclamé. « La population s'est soutenue malgré les maladies et la
disette, observe le subdélégué de Ploërmel [4] ; les secours accordés
par le Roi aux pauvres malades ont arrêté la mortalité ». A Vitré,
en 1783, il a sévi une épidémie très grave « et les suites en eussent
été plus mortelles, si le gouvernement n'avait pas eu l'attention
d'y envoyer des médecins et chirurgiens et des remèdes qui en ont
arrêté le cours » [5]. En 1786, le même subdélégué de Vitré
constate l'efficacité de ces secours [6]. Même constatation du subdélégué de Saint-Malo [7]. Des recteurs se plaignent de n'avoir pas eu
de secours ; c'est qu'ils n'en ont pas réclamé, comme le fait observer, en 1786, le subdélégué de Dinan [8]. Si, la même année, dans

___

[1] Le subdélégué de Guingamp écrit, en 1775 (*Ibid.*, C 1404) : « On pourrait aussi désabuser les peuples et surtout MM. les recteurs, que ce n'est point
un crime contre la loi divine de se procurer par la voie de l'inoculation un remède à une maladie qui fait périr la moitié des enfants. »

[2] *Ibid.*, C 1435.

[3] Par contre, le subdélégué de Morlaix écrit, en 1787 (*Ibid.*, C 1435) :
« Il serait à désirer que la méthode de l'inoculation, dont l'avantage est re-
connu généralement, et qui a été adoptée par le gouvernement, fût suivie dans
les différents hôpitaux et qu'on y admît les enfants des pauvres, tant de la ville
que des campagnes, sur le certificat de MM. les recteurs, qui auraient attention
de n'en délivrer qu'à la classe vraiment misérable. »

[4] *Ibid.*, C 1404.

[5] *Ibid.*, C 1430.

[6] *Ibid.*, C 1435. — En 1784, le subdélégué de Châteaubriant reconnaît que
« les remèdes distribués par le gouvernement dans les campagnes ont eu le plus
grand succès » (*Ibid.*, C 1432).

[7] *Ibid.*, C 1435.

[8] *Ibid.*, C 1435.

la subdélégation de Paimpol, trois paroisses seulement sur treize ont obtenu des secours, la faute en est aux recteurs, «soit, parce qu'ils désirent peu s'attirer les petits embarras que leur pourrait occasionner cet établissement dans leur paroisse, soit parce qu'ils n'y ont pas confiance, soit parce que plusieurs trouvent que les formalités prescrites pour les besoins alimentaires sont trop étendues et piquent leur délicatesse, soit enfin parce que plusieurs ne se rappellent plus qu'ils doivent demander ces secours et en motiver les besoins, pour qu'ils puissent leur être procurés» [1]. — Seul, le pouvoir royal s'est efforcé d'organiser la lutte contre les épidémies; les États de Bretagne n'ont donné, semble-t-il, aucun secours [2].

L'une des conséquences de la misère qui sévit dans les campagnes a été, dans certains cas, un véritable exode rural. Le greffier du présidial de Rennes observe en 1772 [3] :

La misère a fait déserter les campagnes, qui, dans beaucoup de cantons, manquent aujourd'hui de bras pour les cultiver; elle a rejeté dans les villes des gens qui les surchargent de leur inutilité, et qui n'y trouvent pas de quoi s'occuper, parce qu'il n'y en a pas même assez pour les gens du lieu; ils ont contracté l'habitude de la mendicité, d'autant plus funeste que ceux qui s'y sont une fois adonnés ne peuvent plus y renoncer. Rennes et quelques villes voisines regorgent de pauvres qui assiègent les portes et qui ne peuvent être secourus, parce que leur trop grand nombre tarit la source des charités [4].

VII. LES AUTRES CAUSES.

D'autres causes de dépopulation sont aussi indiquées par les subdélégués. Certains d'entre eux se plaignent de mariages trop précoces, contractés par des garçons de moins de vingt ans, afin d'éviter la

---

[1] Observations du subdélégué de Paimpol (*Ibid.*, C 1435).

[2] Observations du subdélégué de Guérande, du 24 avril 1785 (*Ibid.*, 1432) : «Le gouvernement n'a pas fait participer les misérables muletiers et paludiers aux trois millions de fonds votés par S. M. et les renvoya se pourvoir aux États de la province; mais ceux-ci ont refusé le plus léger secours, à cause de la diminution considérable de ses fermes». — Peut-être cependant, par un sentiment facile à comprendre, les subdélégués surestiment-ils un peu l'efficacité des secours accordés par le gouvernement.

[3] *Ibid.*, C 1402.

[4] Cf. Les observations du subdélégué de Lamballe, de 1784 (*Ibid.*, C 1430) : «De mémoire d'homme, il n'y avait point eu dans ma ville autant de men-

milice [1]. On incrimine encore le ¸« libertinage », résultat du séjour prolongé des troupes dans telle ou telle localité, ou du retour de miliciens qui rapportent des maladies vénériennes [2].

Assez fréquemment, les subdélégués attribuent une grande importance à l'ivrognerie. Le délégué de Josselin déclare que bien des gens se privent, pendant cinq jours, du nécessaire pour boire le dimanche et le lundi [3]. A Concarneau, Morlaix, Quimperlé, Dol, on insiste sur l'extension de l'ivrognerie. C'est surtout les jours de foires et de marchés que l'on voit des gens ivres-morts (les femmes comme les hommes). A Pont-l'Abbé, il y a plus de 5o cabarets, en 1787, et du 1ᵉʳ janvier au 1ᵉʳ mars 1787, 100 tonneaux de vin ont été portés dans les campagnes : « MM. les recteurs, ajoute le subdélégué, en ont remontré aux États les conséquences; il serait à désirer que la faculté de loger des boissons fût interdite à cette classe d'hommes (les journaliers), à moins d'un billet du recteur ou des juges des lieux » [4].

Quelle était l'extension de l'ivrognerie? C'est ce qu'il est difficile de préciser. En tout cas, on ne trouve rien de comparable à l'alcoolisme actuel, et qui, d'ailleurs, n'est pas forcément une cause de dépopulation [5].

Une cause plus active, c'est le manque de sages-femmes instruites, l'ignorance des femmes qui exercent cette fonction sans avoir aucune connaissance professionnelle, et qui font périr beaucoup de

diants qu'on y en voit actuellement. Aux sept huitièmes et plus des paysans que la misère a forcés de sortir de leurs paroisses, les uns quêtent pour leur familles, d'autres l'ont amenée avec eux». Cf. H. SÉE, *Remarques sur la misère....*, *loc. cit.*

(1) Par exemple, le subdélégué de Landerneau, en 1774 (Arch. d'Ille-et-Vilaine, C 1404), de Rennes (*Ibid.*, C 1404), de Pontrieux, en 1780 (*Ibid.*, C 1423).

(2) Sur le progrès de ces maladies, voir les Observations du subdélégué de Josselin, en 1784 (*Ibid.*, C 1430).

(3) *Ibid.*, C 1423.

(4) *Ibid.*, C 1435. — Ce vin, écrit le même subdélégué, en 1787, «est malheureusement falsifié par des préparations de plomb, litharge, etc.». — A Dinan, dit le subdélégué, en 1784, il y a 80 débits où l'on boit du café, auquel on ajoute une grande quantité d'eau-de-vie (*Ibid.*, C 1430). — Plusieurs subdélégués constatent la déplorable habitude qu'ont les gens de la campagne, aux baptêmes, de mener avec eux l'enfant dans leurs tournées de cabarets.

(5) Certains subdélégués, comme les subdélégués de Dinan et surtout de Nantes, incriminent le luxe des villes, qui entraîne «le libertinage» et incite les gens à se soustraire aux charges de famille (*Ibid.*, C 1404 et 1430).

femmes et d'enfants. Un grand nombre de subdélégués s'en plaignent, comme s'en plaindront partout les cahiers de 1789. On peut
en conclure que les efforts du gouvernement pour parer à ce fléau
n'ont pas eu grand effet; cependant, après le voyage de Mme du
Coudray en Bretagne, en 1775, une vingtaine de cours d'accouche-
ment avaient été créés [1].

VIII. LES CONCLUSIONS DES INTENDANTS.

En somme, les causes essentielles de la dépopulation paraissent
être la pauvreté, les crises provoquées par les disettes et les épidémies. Ce sont elles que signalent les intendants dans les lettres qui
accompagnent les relevés de population; telles, les lettres du 2 août
1786 et de 1787 [2]. Toutefois, il font remarquer parfois qu'il
faut déduire du chiffre des décès les morts de soldats, qu'on ne peut
compter dans la population de la province. Le 16 janvier 1784,
l'intendant écrit à Calonne, en lui envoyant l'état de la population
de 1784 [3] :

Vous y verrez que le nombre des morts excède celui des naissances de
15.424 personnes. Cette diminution considérable ne tombe cependant pas
entièrement sur les habitants de cette province; le nombre des soldats dé-
cédés dans les hôpitaux, tant militaires qu'ordinaires, peut monter à environ 5.000. Le surplus se trouverait être de 10.000 Mais les maladies épidémiques, ainsi que les différentes maladies de mer, qui ont été apportées
par les différentes troupes venant des îles, sont une des principales causes
de cette dépopulation.

L'intendant ne peut que rarement se féliciter d'un excédent de
naissances, comme en 1780; il attribue ce résultat « aux secours
multipliés du gouvernement » [4].

A la fin de 1784 [5], M. de la Michodière envoie à l'intendant les
relevés de la population de la Bretagne depuis 1770; et il constate
que le nombre des morts « a presque toujours surpassé de beaucoup
celui des naissances, et que c'est principalement en 1779 qu'il y a

---

[1] Cf. A. Dupuy, *op. cit., loc. cit.*, t. III, p. 179 sqq.; H. Sée et A. Lesort,
Cahiers de la sénéchaussée de Rennes, 1909-1912, passim.
[2] Arch. d'Ille-et-Vilaine, C 1400.
[3] *Ibid.*, C 1400.
[4] Lettre à M. Joly de Fleury, du 22 septembre 1781 (*Ibid.*, C 1400).
[5] Lettre du 31 décembre (*Ibid.*, C 1400).

eu une affreuse mortalité». La réponse de l'intendant Bertrand de Molleville, du 4 février 1785, marque bien nettement l'influence des épidémies [1] :

J'ai reçu, Monsieur, avec la lettre que vous m'avez fait l'honneur de m'écrire. le 31 décembre dernier, le relevé des états de population de la province de Bretagne depuis 1770 jusqu'en 1783. La différence qui existe dans la plupart de ces années entre les morts et les naissances provient principalement des maladies épidémiques qui ont dévasté plusieurs cantons de cette province depuis 1773, et dont les effets ont été plus cruels en 1779, 1780 et 1782. On peut encore en attribuer la cause au grand nombre de malades que les escadres ont débarqués pendant la guerre et au séjour habituel de 25.000 hommes de troupes de plus que ceux qui y sont employés en temps de paix, aux émigrations par la voie de la mer et au passage de toutes les troupes qui ont été et sont revenues des colonies françaises et de l'Amérique septentrionale. Toutes ces causes ont dû nécessairement influer beaucoup sur la population depuis six ans. Il y aura désormais moins de différence entre les naissances et les morts, et je suis persuadé que l'état de 1784 présentera un tableau plus satisfaisant que celui de l'année précédente.

IX. LES DIVERSES RÉGIONS DE LA BRETAGNE
AU POINT DE VUE DÉMOGRAPHIQUE.

Toutefois, en Bretagne, à cet égard, on pourrait distinguer diverses régions. Les épidémies n'ont pas été partout aussi violentes, la dépopulation ne s'est pas fait partout sentir aussi vivement. Mais les observations des subdélégués ne nous donnent, à cet égard, que quelques indices.

La région centrale de la Bretagne semble avoir particulièrement souffert de la disette, du moins dans les endroits où la fabrication des toiles ne sert pas d'appoint aux paysans. Le subdélégué de Rennes remarque, en 1774, qu'« aucun canton de la province n'est plus pauvre que la partie sud-est de son département », c'est-à-dire la région de Poligné, Pléchâtel, Saint-Malo de Phily, Guichen [2]. Dans la subdélégation de Plélan, on constate aussi une misère générale, source de redoutables épidémies [3].

[1]. *Ibid.*, C 1400.
[2] *Ibid.*, C 1404.
[3] Le subdélégué de Plélan remarque, en 1774 (*Ibid.*, C 1404) que «les pau-

Dans les principaux ports, l'activité commerciale préserve la population de la misère; c'est ce que constate le subdélégué de Saint-Malo, dès 1774 [1]; les états particuliers de population montrent que c'est seulement à Saint-Malo, Saint-Servan et Cancale qu'il y a eu plus de naissances et de mariages et moins de morts, en 1773 et 1774 :

La raison, c'est qu'en 1773 et 1774 on a construit à Saint-Malo trois grands navires pour la Chine et deux pour Guinée, ce qui, outre la circulation que procurent les armements ordinaires, a répandu dans les villes et faubourgs à peu près un million en salaires, main-d'œuvre et vente de détail. A Cancale, depuis 1773 inclusivement, les Anglais ont pris l'habitude de venir acheter des huîtres, et, pendant le temps de cette pêche, il y a toujours, dans la rade ou le hâvre, 8 à 10 barques de cette nation qui ont laissé par an de 50 à 55.000 livres en espèces [2].

A Paimbœuf, le subdélégué, à plusieurs reprises, constate l'accroissement de la population, qu'il attribue, non seulement au dessèchement des marais de Saint-Viau, mais aux progrès de la navigation et à la prospérité des chantiers de constructions navales de Daviaud et de Bourgeois et Despagne [3]. Nantes est aussi une

pauvres n'ont que la plus mauvaise nourriture et manquent de presque tous les secours nécessaires». Il y a peu de «commerce»; la fabrication du fil blanc «se borne à Paimpont». En outre, «le sol est froid; on ne cultive que le seigle, le blé noir, un peu d'avoine; le froment ne réussit guère, car la terre n'est pas propre à cette sorte de semence; les pâturages sont maigres et les bestiaux d'une espèce médiocre.» — Le sud-est de la subdélégation de Rennes et la subdélégation de Plélan sont précisément les régions où éclateront, en 1790, de graves troubles agraires; voyez mon étude, *Les troubles agraires en Haute-Bretagne* (1790-1791) (*Bulletin d'histoire économique de la Révolution*, an. 1919-1921).

[1] Arch. d'Ille-et-Vilaine, C 1404.

[2] Le subdélégué ajoute : «Ailleurs, par l'effet de l'augmentation des prix des grains, le menu peuple, l'homme de bras qui ne vit que du travail de sa journée, dont le prix n'a point augmenté, mais a diminué au contraire par le besoin pressant, sont forcés de retrancher sur leur subsistance; de là plus de morts et moins de naissances... C'est seulement dans les lieux où il y a du commerce, que le peuple peut soutenir l'augmentation du prix des grains, et, si l'on veut conserver ce prix, il faut trouver des moyens pour élever celui de la main-d'œuvre dans la même proportion; autrement, la dépopulation des campagnes est inévitable.»

[3] Arch. d'Ille-et-Vilaine, C 1404 et 1430. — Une requête des habitants de Paimbœuf, de 1788, déclare: «Ce port se développe avec une activité incroyable, avantage qui est dû à son heureuse situation» (*Ibid.*, C 1584).

source de prospérité pour les campagnes voisines [1]. Si Lorient, Hennebont et les paroisses du voisinage souffrent à partir de 1770, c'est à cause de la chute de la compagnie des Indes [2].

La zone côtière semble avoir moins pâti aussi des disettes et des épidémies. Robert de la Mennais, subdélégué de Saint-Malo, constate, en 1784, que « le Clos Poulet est une des parties de la province où le sol est le mieux cultivé »; l'hectare de terre s'afferme de 20 à 100 l., suivant la plus ou moins grande proximité de la ville [3]. Une partie de la subdélégation de Lamballe, en 1786, n'a pas trop souffert de la disette; c'est celle où l'on cultive la pomme de terre [4]. Dans la région côtière du pays de Saint-Brieuc, le subdélégué constate, en 1770 et en 1774, qu'on n'a pas trop souffert, bien que les salaires ne soient pas assez élevés pour les prix; « le commerce maritime est d'une grande ressource [5] ». En 1774, le subdélégué remarque que « Paimpol devient de jour en jour plus considérable par son commerce et sa population ». A Belle-Ile, malgré l'irrégularité de la pêche de la sardine et la cherté des rogues, la situation est assez bonne; les habitants ont maintenant « la propriété des terres » et ils cultivent de plus en plus la pomme de terre, « qui leur a été d'un grand secours dans les dernières années où les récoltes des blés ont mal réussi [6] ». Dans la subdélégation de Bourgneuf, il n'y a pas de grandes épidémies et, de 1770 à 1784, la population a augmenté de 1.559 habitants [7]. Dans la zone côtière, on attribue la cherté encore plus à l'exportation des blés qu'aux mauvaises récoltes [8].

[1] Arch. d'Ille-et-Vilaine, C 1403.

[2] *Ibid.*, C 1402 et 1404.

[3] *Ibid.*, C 1432.

[4] *Ibid.*, C 1435.

[5] *Ibid.*, C 1402 et 1404.

[6] Lettre du subdélégué, de 1775 (*Ibid.*, C 1404).

[7] *Ibid.*, C 1432. A. Rhuis (*Ibid.*, C. 1404), la situation n'est pas très bonne, en 1774, parce que les Malouins ne viennent plus y chercher le sel.

[8] Voy. les observations du subdélégué de Paimpol, en 1774 (*Ibid.*, C 1404): « Pour arrêter la cupidité des marchands et assurer la subsistance du peuple, il serait bon d'empêcher l'exportation hors la province et l'importation des grains de ports en ports dans la province, lorsque le froment viendra dans les marchés 7 l. le boisseau, le seigle 6 l., le méteil 4 à 5 l., l'avoine 4 l., le blé noir 5 l. C'est l'unique moyen de prévenir les maladies, les émeutes et d'augmenter la population. Le visa des acquits à caution, comme du passé, paraît indispensable pour en assurer l'exactitude. Les gros amas de grains seront toujours préjudi-

Les pays d'élevage, comme Callac, Carhaix, Pontivy, semblent assez prospères, bien que les subdélégués regrettent que l'on sacrifie la culture au bétail [1]. Dans les régions, comme Quintin, où la fabrication des toiles reste active, la population ne cesse de s'accroître, excepté au moment où la guerre d'Amérique vient en ralentir le commerce [2].

X. QUEL USAGE A-T-ON FAIT DES ÉTATS DE POPULATION ?

De tout ce qui précède, on peut conclure que les relevés du mouvement de la population, de 1770 à 1789, constituent des données plus sûres que celles que l'on possède pour toutes les époques antérieures. Les chiffres sont approximativement exacts et on pourra les utiliser pour toutes les régions de la France [3]. C'est ce que constate Necker, dans son *Administration des finances*, publiée en 1784 [4] :

L'on a maintenant sur la population du royaume des connaissances plus sûres et plus exactes qu'autrefois, et c'est l'effet des soins du gouvernement. Il n'était pas possible, sans doute, de faire le dénombrement général d'un si vaste pays; il était encore moins praticable de le renouveler chaque année; mais, après en avoir ordonné de partiels en différents lieux, on a comparé le résultat avec le nombre des naissances, des morts et des mariages; et ces rapports, confirmés jusqu'à un certain point par les expériences faites dans d'autres pays, ont établi une mesure de comparaison, à laquelle il est raisonnable d'avoir confiance.

C'est d'après les états du mouvement de la population, en multipliant le nombre des naissances par 27 ou 28, que Necker, dans son *Administration des finances* [5], a donné les chiffres de population de chaque généralité et de tout le royaume. Il estime la population

ciables, à moins que le gouvernement ne se porte à établir des greniers dans les villes où il y a des ports maritimes et des marchés». Cf. aussi J. LETACONNOUX, *Les subsistances et le commerce des grains en Bretagne au XVIIIᵉ siècle*, Rennes, 1909; René GIRARD, *L'abbé Terray et la liberté du commerce des grains* (1769-1774), Paris, 1924.

[1] Arch. d'Ille-et-Vilaine, C 1404 et 1430.

[2] *Ibid.*, C 1493.

[3] On en trouvera la substance aux Arch. nat., D IV *bis*, 42 à 47.

[4] Tome Iᵉʳ, p. 202.

[5] Tome Iᵉʳ, pp. 228-sqq.

de la Bretagne à 2,276,000 habitants [1] et celle de tout le royaume
à 24,802,580 habitants, tandis que la *Population du royaume*, pré-
sentée par Calonne aux Notables, l'estime à 23.052.375 habitants. La première Assemblée des Notables, de 1787, s'est en effet,
intéressée à la question de la population. La seconde Assemblée,
de 1788, s'en est occupée encore davantage, comme le montre la
lettre de Necker à l'intendant de Bretagne, du 18 novembre
1788 [2] :

L'Assemblée des Notables rencontre de l'embarras dans le travail auquel
elle se livre, par la difficulté où l'on se trouve dans mes bureaux de clas-
ser sous chaque bailliage, sénéchaussée ou siège royal les détails des états
de population, que vous êtes en état de former sur chaque paroisse et de
juger ainsi des rapports qui existent à cet égard entre les juridictions
royales... [Il lui demande] la liste des communautés de votre généralité
rangées sous les juridictions royales auxquelles elles ressortissent, et, si
vous le pouvez sans un travail trop long, avec indication du nombre des
naissances et morts de chaque communauté, dans la forme employée pour
les états ordinaires de population.

On aurait pu ainsi déterminer la population de chaque paroisse,
d'une façon approximative sans doute, mais assez voisine cependant de la réalité. Ce travail ne semble pas avoir été fait; du moins
nous n'en trouvons aucune trace dans nos documents. Les procès-
verbaux des élections aux États généraux, en Bretagne, donnent
parfois le nombre d'habitants de la paroisse (déterminé on ne sait
comment), mais plus souvent encore le nombre des feux, et il arrive que, par feux, on désigne, non les ménages, mais les unités
fiscales, les feux de fouages [3]. Les déclarations du clergé, de 1790,
donnent souvent, soit le nombre de feux, soit le nombre d'habitants [4],

L'Assemblée Constituante a fait dresser, en 1791, des états de population par paroisses, qui sont conservés aux Archives Nationales
(D IVbis 51), mais nous ne possédons le détail, en ce qui concerne

---

[1] *Ibid.*, t. Ier, pp. 281-283. — Il donne aussi les chiffres de quelques villes :
Rennes, 35,500 âmes; Lorient, 16,500; Saint-Malo, 17,500; Nantes, 57 à
58,000; Brest, 30 à 31,000.

[2] Arch. d'Ille-et-Vilaine, C 1490.

[3] Voy. H. Sée et A. Lesort, *op. cit.*; t. Ier, Introd., p. lxxvii, et t. I-IV,
passim.

[4] Arch. d'Arch. d'Ille-et-Vilaine, série Q.

la sénéchaussée de Rennes, que pour les districts de Vitré et de Monfort. C'est, semble-t-il, la première statistique générale du chiffre de la population qui ait été tentée, et on s'est servi pour l'établir, au dire d'Arthur Young, non des états du mouvement de la population, mais des relevés des impôts [1].

On a obtenu pour la France tout entière le chiffre de 26.230.808 habitants et pour les cinq départements bretons, les chiffres suivants [2] :

DÉPARTEMENTS.	VILLES.	CAMPAGNES.	TOTAL.
Côtes-du-Nord	27.500	441.166	468.666
Finistère..............	63.000	417.000	480.000
Ille-et-Vilaine..........	50.800	439.866	490.666
Loire-Inférieure........	108.100	399.633	507.733
Morbihan.............	42.400	448.266	490.666
Total........	....	....	2.437.731

Nous savons, d'autre part, que le Comité de mendicité de la Constituante, voulant être fixé, pour chaque district, sur le nombre des pauvres à secourir, a ordonné une enquête et a préscrit de compter comme indigents les chefs de famille ne payant aucune taxe et le dixième de ceux qui ne payaient comme impôt que l'équivalent d'une ou deux journées de travail [3]. On peut dire que les états de population de 1791 devaient faciliter ces statistiques.

---

[1] *Voyages en France*, tr·d. Lesage, t. II, pp. 312 sqq.

[2] *Ibid.*, t. II, pp. 316-318.

[3] Voir le rapport de M. de Montlinot au Comité de mendicité (7 mai 1790) (*Procès-verbaux du Comité de mendicité de la Constituante*, publiés par C. Bloch et A. Tuetey, p. 34) : «Tous les habitants d'une paroisse seront portés dans les rôles d'imposition. Ceux qui ne seront pas taxés seront regardés comme pauvres sous la dénomination de journaliers, en ajoutant simplement à ces rôles la qualité de *valides* ou *d'infirmes*... Il faudrait ajouter à la liste des vrais pauvres ceux qui ne payent qu'une journée d'imposition, parce qu'il est à présumer qu'ils peuvent devenir pauvres sans circonstances extraordinaires». Dans les tableaux imprimés, qui furent envoyés aux districts, une colonne est réservée au chiffre de la population. Cf. mon étude, *La misère et la mendicité dans le département du Finistère (1790-1792)*, ci-dessous, p. 49 et sqq.

La Convention, en 1793, a fait dresser aussi des états de population par communes[1].

Quoi qu'il en soit, le chiffre total obtenu pour la Bretagne, en 1791, n'est pas très éloigné de celui qui est indiqué par Necker (2,276,000). Cependant, il y a un écart de 161,731 unités. C'est dire que tous les états de population de la fin du xviii° siècle ne sont qu'approximatifs. Ce qui le prouve encore, c'est que, quand nous en possédons plusieurs, de dates différentes, pour une même paroisse, on constate souvent entre les chiffres, ou un écart très notable (et par conséquent peu vraisemblable), ou bien une similitude qui donne à penser qu'on a simplement transcrit les chiffres antérieurs[2]. Seuls, des recensements complets, quinquennaux, comme ceux qu'on a entrepris depuis la monarchie de juillet, et surtout depuis le Second Empire, pouvaient conférer une précision suffisante à la statistique démographique[3].

XI. CONCLUSION GÉNÉRALE.

Il faut reconnaître cependant que les essais de statistiques tentés par le gouvernement monarchique, dans les vingt dernières années de l'ancien régime, ont une réelle valeur. L'histoire économique doit tenir grand compte des relevés du mouvement de la population, dont l'abbé Terray a pris l'initiative et que les intendants ont dressés avec soin jusqu'en 1789. La méthode, que l'on doit peut-être au conseiller d'État La Michodière, était vraiment digne d'éloges. Remarquons aussi que le pouvoir central a ordonné, surtout dans cette période, toute une série d'enquêtes générales sur des questions d'ordre économique, par exemple, sur les bois et la question du déboisement, de 1783, sur les mines et forges, de 1765, sur les usines et bouches à feu, de 1788[4]. Toutes ces enquêtes dénotent, de la part

[1] Voir H. Sée et A. Lesort, *op. cit., passim.* — Le recensement ordonné par la Convention semble avoir été le plus sérieux qui ait été accompli au xviii° siècle; voy. Paul Meuriot. *Le recensement de l'an II,* Paris, 1918. Cependant, lui aussi, ne donne que des résultats approximatifs.

[2] Voy. H. Sée et A. Lesort, *op. cit., passim.*

[3] Cf. E. Levasseur, *op. cit.,* t. I°°, pp. 292 et suiv..

[4] Cf. Arch. d'Ille-et-Vilaine, C. 1474, et mon étude *Les forêts et la question du déboisement en Bretagne à la fin de l'ancien régime (Annales de Bretagne,* t. XXXVI, 1924).

de l'administration royale, le désir sincère de servir la cause de l'intérêt général, surtout dans la période du despotisme éclairé, mais elle se heurte aux résistances des États provinciaux et des Parlements, qui, redoutant toute atteinte à leurs privilèges fiscaux, ne tiennent pas à ce que le gouvernement soit trop bien renseigné sur les « facultés » des diverses catégories de sujets ; il se heurte aussi aux méfiances du peuple des campagnes, qui craint que « toute recherche » ne soit, pour lui le signal de nouvelles charges. Notre exposé montre clairement aussi que l'administration était encore bien imparfaite, que ses moyens d'action étaient bien limités, puisqu'il lui fallut renoncer même aux « dénombrements » très partiels que Turgot s'efforça de faire exécuter, puisque l'on se convainquit également que tout projet de statistique agricole était encore impossible [1].

[1] Nos bien vifs remerciements à M. H. Bourde de la Rogerie, archiviste d'Ille-et-Vilaine, pour l'aide qu'il nous a apportée dans nos recherches.

LA MISÈRE ET LA MENDICITÉ
DANS LE DÉPARTEMENT DU FINISTÈRE,

D'APRÈS LES RÉPONSES

À L'ENQUÊTE DU COMITÉ DE MENDICITÉ (1790-1792).

I

Dans une très intéressante communication au Congrès des Comités des documents économiques de la Révolution, de 1913 [1], M. Henri Prentout signalait l'intérêt que présentent les réponses faites à l'enquête ordonnée en 1790 par le Comité de mendicité de la Constituante; cette enquête, en effet, portait sur la proportion exacte du nombre d'habitants ayant besoin d'assistance, par rapport à la population de chaque commune, sur les causes de la mendicité, sur les moyens de remédier à la misère par l'organisation du travail, dans chaque localité.

C'est le 9 juillet 1790 que le Comité de mendicité ordonne aux administrateurs des départements de procéder à cette enquête et leur envoie les tableaux à remplir :

..... Il prie ces administrateurs de faire passer, par MM. les administrateurs de district, à chacun des chefs-lieux de canton de leur district des tableaux conformes au modèle ci-joint, d'engager MM. les officiers municipaux de leur canton, par chaque chef-lieu, à se réunir avec les maires et officiers municipaux desdits cantons à l'effet de remplir contradictoirement ledit tableau.....

Le Comité demande aux administrateurs « de s'assurer de l'exactitude des informations », et cela avec d'autant plus d'insistance que les états faits par les bureaux de charité et autres institutions analogues « ont été si évidemment exagérés qu'il est impossible de leur

[1] *Les tableaux de 1790 en réponse à l'Enquête du Comité de mendicité et leur utilité* (*Bull. d'histoire économique de la Révolution*, an. 1913, pp. 275 et suiv.). Cf. du même un article sur cette question dans *La Révolution française*, 1907, t. LIII, p. 411-429.

donner confiance»[1]. Dans une circulaire du 15 octobre, adressée aux administrateurs de districts, le Comité les presse de faire hâter le travail, qui doit être accompli «d'une manière uniforme» : «c'est au moins par district qu'il est important que les états puissent être complets»[2]. Le canton devait donc centraliser les états des municipalités, puis le district dresser un état général par cantons.

Ce travail d'enquête, comme le montre M. Prentout, semble avoir été fait avec soin et diligence dans le Calvados. Il n'en a pas été de même partout. Ainsi, dans le département du Finistère, les districts se sont montrés fort lents à s'acquitter de leur tâche, et tous sans doute n'ont pas satisfait à la besogne qu'on leur demandait. En mars 1792, l'administration départementale n'a pu encore recueillir les données que les districts devaient lui fournir. Une circulaire aux districts, du 28 mars 1792, leur rappelle les lettres des 25 décembre 1791 et 13 janvier 1792, ainsi que les tableaux imprimés qui leur ont été adressés «pour procurer au Comité des secours publics [de la Législative] les renseignements qui y étaient énoncés sur l'état de la population, de la mendicité et du vagabondage dans votre district». Ces renseignements sont nécessaires à la législature pour prendre des mesures capables d'«extirper la mendicité et procurer à tous les membres de la société des moyens de subsister par leur travail sans lui être à charge». Que les districts pressent les municipalités de leur transmettre les documents en question. Cependant, une lettre du directoire du département au Comité des secours, du 4 août 1792, porte que le «district de Landerneau est le seul qui ait jusqu'ici complété l'envoi des états de population des cantons dont il est composé».

Et il s'agit bien de l'enquête ordonnée par le Comité de mendicité de la Constituante, comme le prouve la circulaire aux districts, du 7 août 1792 :

Il s'agit d'un état de population de toutes les municipalités de votre ressort qui nous a été demandé, et par le Comité de mendicité de la Constituante et par celui des secours publics de l'Assemblée législative.

Le 9 août cependant, le directoire du Finistère envoie au Comité

<hr>

[1] Camille BLOCH et Alexandre TUETEY, *Procès-verbaux et rapports du Comité de mendicité de la Constituante*, Paris, 1911 (Coll. des doc. économiques de la Révolution), pp. 97-98.

[2] *Ibid.*, pp. 147-148.

«l'état général de la population du district de Brest, qui vient de
nous être envoyé». Le 15 septembre, il écrit au district de Lesneven qu'il n'a encore reçu les états que de sept cantons. Le 18 septembre, il écrit aux districts de Carhaix, Châteaulin, Pontcroix,
Quimperlé, pour les rappeler à l'ordre. Le 28 novembre, nouvelle
semonce à ces mêmes districts :

. ... Stimulez, dit-il, les municipalités qui sont en retard d'y procéder [à la confection des états], faites-leur connaitre l'importance des renseignements demandés, et, si elles persistent dans l'inertie, envoyez des
commissaires sur les lieux pour procéder sans délai, à leurs frais, à la confection des états particuliers qui nous seront nécessaires pour former
l'état général de population, de mendicité et vagabondage de votre ressort[1].....

II

Les Archives du Finistère n'ont conservé que les tableaux des districts de Quimper, Morlaix, Châteaulin, Quimperlé et Lesneven[2].
Le tableau de Quimper a été envoyé au département, le 10 août
1792, mais «conforme au tableau envoyé à l'administration supérieure le 18 novembre 1790»; le tableau de Morlaix est daté du
17 août 1792; le tableau de Châteaulin «est certifié conforme aux
états envoyés par le district aux municipalités le 28 septembre
1790»; le tableau de Quimperlé est déclaré aussi conforme à l'état
du 30 septembre 1790; enfin, celui de Lesneven a été envoyé
seulement le 14 janvier 1793. — Un seul état de commune nous
est parvenu, celui de Lothéa, dans le district de Quimperlé[3].

Nous reproduisons intégralement ces tableaux; toutefois (p. 52-
59), pour Morlaix, bien que nous ayons l'état par communes, nous
ne donnons que la récapitulation par cantons.

Comme on le voit, ces tableaux sont absolument conformes au
modèle envoyé par la Constituante[4]. Ils comprennent les colonnes

[1] Arch. du Finistère. Copies de lettres du directoire du département (mars-
décembre 1792).

[2] Le département du Finistère contenait neuf districts. Nous n'avons pas re-
trouvé les tableaux des districts de Landerneau et de Brest, que cependant le
directoire du département avait reçus.

[3] A 3 kilomètres de Quimperlé.

[4] Cf. Prentout, op. cit., loc. cit., p. 280-281, et C. Bloch et A. Tuetey, op.
cit., p. 97, note 1.

CANTONS.	POPULATION.	FEUX.	INDIVIDUS		VIEI...
			NE PAYANT AUCUNE TAXE.	NE PAYANT QU'UNE OU DEUX journées de travail.	
			DISTRICT		DE Q...
Briec..........................	4.862	875	117	102	
Concarneau....................	5.752	1.260	265	282	
Fouesnant......................	3.829	534	136	73	
Plogonnec......................	3.370	560	143	30	
Pont-l'Abbé....................	6.692	1.137	225	333	
Plomeur........................	3.880	723	74	280	
Plomelin.......................	2.607	450	80	200	
Quimper (ville)................	8.000	857	327	402	
Quimper (campagne).............	4.331	751	331	224	
Rosporden......................	6.053	974	512	480	
Totaux................	49.376	8.121	2.210	2.206	
			DISTRICT		DE M...
Morlaix........................	13.352	3.059	5.349	100	
Guerlesquin....................	3.676	759	1.955	218	
Lanmeur........................	6.239	953	3.061	879	
Pleiber-Christ.................	6.159	1.021	2.510	495	
Plouézoch......................	7.497	919	2.819	520	
Plougonven.....................	10.668	1.586	3.935	990	
Saint-Thégonnec................	6.146	944	637	751	
Saint-Pol-de-Léon..............	12.887	2.062	3.332	1.148	
Taulé..........................	5.017	660	1.867	654	
Totaux................	71.641	11.957	25.465	5.755	
			DISTRICT		DE C...
Châteaulin.....................	5.143	854	441	550	
Brasparts......................	4.387	1.091	1.187	264	
A reporter............	9.530	1.945	1.628	714	

(1) Certifié conforme au tableau envoyé à l'administration supérieure le 18 novembre 1790 (Quimper, le 10 août la même pièce (17 août 1792). — (2) État certifié conforme aux états envoyés au district par les municipalités le

VIEILLARDS.	INFIRMES.	ENFANTS DE PAUVRES DE MOINS DE 14 ANS	TOTAL DES INDIVIDUS AYANT besoin d'assistance.	MALADES PAUVRES.	MENDIANTS ET VAGABONDS.
DE QUIMPER [1].					
66	28	270	619	24	" [2]
47	18	125	732	102	30
24	29	72	334	90	8
33	16	50	272	24	6
47	41	130	776	105	12
26	15	194	589	60	15
15	20	75	390	45	8
121	79	164	740	200	53
54	25	87	721	75	20
42	51	355	1.140	116	10
475	322	1.522	6.313	841	162
DE MORLAIX [3].					
726	"	1.658	2.374	570	206
127	39	315	481	80	50
122	23	336	481	86	24
109	27	403	386	50	10
173	172	404	675	116	6
221	36	727	1.671	212	44
58	45	462	763	42	15
144	93	1.082	1.882	500	16
143	15	372	268	58	"
1.823	450	5.759	8.983	1.614	371
DE CHÂTEAULIN [4].					
44	23	711	89	79	2
41	20	268	365	28	14
85	43	979	454	107	16

.1792).— [2] Ont défense de se présenter. — [3] Récapitulation des cantons, d'après l'état des communes, donné dans
28 septembre 1790.

MUNICIPALITÉS,	POPULATION.	FEUX.	INDIVIDUS		VIEILL…
			NE PAYANT AUCUNE TAXE.	NE PAYANT QU'UNE OU DEUX journées de travail.	
Report...............	32.133	5.352	1.790	1.530	3
GUILLIGOMARCH	1.000	180	104	23	
RÉDENÉ....................	1.221	290	59	117	
BANNALEC	3.600	700	230	208	
TRÉVOUX....................	1.200	140	52	134	
TOTAUX...............	51.464	6.662	2.845	2.402	4

DISTRICT DE LES…

MUNICIPALITÉS,	POPULATION.	FEUX.	NE PAYANT AUCUNE TAXE.	NE PAYANT QU'UNE OU DEUX journées de travail.
LESNEVEN..................	2.014	412	121	199
PLOUIDER..................	2.714	475	156	95
TREGARANTEC..................	494	90	17	19
LANGUINZAR..................	225	46	12	21
PLOUGUERNEAU..................	4.117	899	89	169
GUISSÉNY..................	2.636	466	50	145
SAINT-TRÉGAN..................	730	136	27	21
TREMENACH..................	503	100	5	17
GUICLAN..................	″	″	″	″
KERNILIS..................	2.612	444	336	325
KERNOUÈS..................	″	″	″	″
PANARVILY..................	472	78	24	32
GOULVEN..................	542	114	35	30
PLOUNEOURTREZ..................	2.521	460	32	70
KERLOUAN..................	3.030	444	24	170
PLOUNEVEZ..................	3.347	608	185	33
TREFLEZ..................	1.120	130	132	77
LANHOUARNEAU..................	1.086	188	60	42
CLEDER..................	3.528	393	683	455
PLOUESCAT..................	2.164	416	165	118
SIBIRIL..................	960	186	50	99
PLOUZÉVÉDÉ..................	1.726	288	75	56
TREFLAOUÉNAN..................	532	88	28	6
QUÉRAU..................	251	42	5	7
A reporter............	38.314	6.303	2.307	2.206

VIEILLARDS.	INFIRMES.	ENFANTS DE PAUVRES DE MOINS DE 14 ANS.	TOTAL DES INDIVIDUS AYANT besoin d'assistance.	MALADES PAUVRES.	MENDIANTS ET VAGABONDS.
375	244	1.237	1.765	624	40
5	5	12	22	12	3
3	4	1	8	5	//
46	12	150	208	30	1
16	12	150	178	52	//
445	277	1.550	2.281	723	44

DE LESNEVEN.

VIEILLARDS.	INFIRMES.	ENFANTS DE PAUVRES DE MOINS DE 14 ANS.	TOTAL DES INDIVIDUS AYANT besoin d'assistance.	MALADES PAUVRES.	MENDIANTS ET VAGABONDS.
89	7	266	100	42	4
20	16	193	255	21	132
11	10	42	//	42	2
//	3	16	14	4	//
42	28	337	407	//	1
39	11	154	204		
8	8	34	50	171	//
3	9	19	31		
//	//	//	//		
51	29	161	241	48	5
//	//	//	//	//	//
12	10	41	60	9	2
7	7	38	50	6	3
24	19	160	305	4	//
22	19	70	//	13	1
20	8	202	230	200	5
30	15	61	30	30	2
12	8	139	120	15	1
93	38	686	817	50	//
43	29	174	362	30	3
16	10	77	145	12	//
12	17	100	260	15	//
11	4	2	93	6	//
4	3	9	28	4	//
569	313	3.181	3.792	722	161

CANTONS.	POPULATION.	FEUX.	INDIVIDUS	
			NE PAYANT AUCUNE TAXE.	NE PAYANT QU'UNE OU DEUX journées de travail.
Report..............	9.53o	1.945	1.6a8	714
Argol......................	a.86o	5o6	27	84
Crozon...................	7.749 ·	1.561	7o	3o7
Gouezec...................	4.o16	476	13a	64
Plomodiern................	3.118	599	106	1a6
Locronan	3.983	715	11L	577
Pleyben..................	6.a66	1.o59	5oo	a74
Saint-Ségal.	a,694	494	1ao	366
Totaux..............	4o.a16	7.355	a.715	a.61a

DISTRICT

MUNICIPALITÉS.	POPULATION.	FEUX.	NE PAYANT AUCUNE TAXE.	NE PAYANT QU'UNE OU DEUX journées de travail.
Clohars-Carnoët................	a.469	436	198	17a
Moëlan.....................	3.1o3	553	35	a4a
Kernevel....... :............	1.418	163	55	7a
Melven.....................	a.133	167	15o	63
Pontaven.	677	15a	55	39
Nizon......................	871	185	75	11
Nevez.....................	1.56o	a6o	64	a8
Riec......................	a.51o	448	194	16o
Querrien...................	a.518	476	151	13
Saint-Thurien.................	1.ooo	18o	6o	33
Scaër.....................	4.o35	664	a76	48
Quimperlé.................	3.61a	458	ao8	393
Baye.....................	38o	71	17	a1
Lothéa...................	937	176	38	45
Mellac...................	1.a5o	a9a	55	75
Tréméven..................	67o	a71	54	3
Arzano...................	3.ooo	4oo	1o4	11a
A reporter............	3a.133	3.35a	1.79o	1.53o

(1) Du 3o septembre 179o.

VIEILLARDS.	INFIRMES.	ENFANTS DE PAUVRES DE MOINS DE 14 ANS.	TOTAL DES INDIVIDUS AYANT besoin d'assistance.	MALADES PAUVRES.	MENDIANTS ET VAGABONDS.
85	43	979	454	107	16
36	38	126	141	65	1
38	31	156	237	38	38
37	26	46	119	32	10
31	37	74	134	15	4
58	29	109	167	26	1
71	21	254	120	50	14
9	9	52	170	24	35
365	234	1.894	1.442	357	119

DE QUIMPERLÉ [1].

VIEILLARDS.	INFIRMES.	ENFANTS DE PAUVRES DE MOINS DE 14 ANS.	TOTAL DES INDIVIDUS AYANT besoin d'assistance.	MALADES PAUVRES.	MENDIANTS ET VAGABONDS.
30	10	39	79	11	"
40	10	30	80	15	"
10	13	56	79	44	"
39	13	148	200	150	5
16	12	62	90	30	"
13	6	87	106	28	"
11	24	79	114	30	"
38	61	180	278	30	1
8	2	41	51	"	7
12	7	66	85	12	"
53	1	86	156	33	25
65	7	192	264	124	"
3	3	18	24	10	1
9	6	38	88	15	"
12	15	68	95	60	"
4	5	35	44	12	1
12	50	12	32	20	"
375	244	1.237	1.765	624	40

MUNICIPALITÉS.	POPULATION.	FEUX.	INDIVIDUS		VIEI
			NE PAYANT AUCUNE TAXE.	NE PAYANT QU'UNE OU DEUX journées de travail.	
Report..............	38.314	6.303	2.307	2.206	
Trézilidé.................	364	70	34	6	
Saint-Vougay..............	1.015	284	176	39	
Plouneventer..............	2.563	484	106	98	
Plougar.................	1.082	218	54	52	
Bodilis.................	1.881	348	100	74	
Saint-Servais.............	722	132	88	77	
Ploudaniel...............	2.908	544	91	122	
Trémaouézan.............	438	73	23	19	
Saint-Mien..............	262	54	11	4	
Le Drennec..............	200	52	4	9	
Breventec..............	76	13	1	3	
Landouzan...............	300	40	6	9	
Totaux..............	49.135	8.795	3.001	2.717	

Du 14 janvier 1793.

suivantes : 1° population; 2° feux; 3° nombre des individus qui ne payent aucune taxe; 4° de ceux qui ne payent qu'une ou deux journées de travail; 5° vieillards hors d'état de travailler; 6° infirmes; 7° enfants de pauvres au-dessous de 14 ans, ou hors d'état de gagner leur vie; 8° total des individus qui ont besoin d'assistance; 9° genre de travail utile à faire dans chaque canton; 10° fonds de charité de la municipalité; 11° fonds des hôtels-dieu et hôpitaux; 12° causes de la mendicité; 13° pauvres malades; 14° nombre des mendiants et vagabonds; 15° observations générales.

III

Il y a là des données statistiques, qui seraient extrêmement précieuses si on pouvait avoir en elles pleine confiance. Or, elles ne sont que très approximatives. En ce qui concerne même le chiffre

VIEILLARDS.	INFIRMES.	ENFANTS DE PAUVRES DE MOINS DE 14 ANS.	TOTAL DES INDIVIDUS AYANT besoin d'assistance.	MALADES PAUVRES.	MENDIANTS ET VAGABONDS.
569	313	3.181	3.792	722	161
9	7	28	84	7	"
5	2	50	272	30	"
23	19	168	233	21	3
34	18	220	130	10	2
50	23	135	200	12	8
14	14	159	116	8	3
25	15	124	94	"	"
5	"	110	"	2	"
7	6	2	"	"	"
2	1	9	18	"	"
1	7	8	"	"	"
"	4	18	"	"	"
806	424	3.906	4.949	812	177

de la population, on sait que, tant qu'il n'y a pas eu de recensements systématiques — et il n'y en aura pas avant le Premier Empire, et même on n'en trouvera pas de vraiment satisfaisants avant la monarchie de juillet, — les chiffres donnés par les administrations sont sujets à caution. A *fortiori*, l'évaluation des gens incapables de gagner leur vie, ayant besoin d'assistance, ainsi que du nombre des mendiants, nous semblent très peu sûrs. Le district de Quimper a donné la note juste, lorsqu'il a dit : «la plupart des états particuliers ayant été formés par des municipalités peu au fait des choses qu'on leur demandait, nous ne pouvons en garantir la complète exactitude».

Cependant, si défectueux que soient les éléments dont nous disposons, il peut être intéressant d'établir la proportion entre la population totale et le nombre de personnes «ayant besoin d'assistance». Nous pouvons dresser le tableau suivant : .

DISTRICTS.	POPULATION TOTALE.	INDIVIDUS AYANT BESOIN D'ASSISTANCE.	PROPORTION.
Quimper...............	49.376	6.313	0,124
Morlaix...............	71.641	5.759	0,08
Châteaulin............	40.216	1.442	0,035
Quimperlé............	51.464	2.281	0,044
Lesneven.............	49.135	4.949	0,10

Dans l'ensemble, c'est sensiblement moins d'un dixième de la population totale qui a besoin d'assistance, chiffre cependant relativement élevé. Peut-être faut-il admettre, comme le pense le district de Quimper, que la plus grande partie des nécessiteux portés dans cet état ne semble demander qu'une assistance momentanée.

La proportion du nombre des mendiants et des vagabonds à la population totale varie sensiblement aussi suivant les districts :

A Quimper......................	841 pour	49.376 habitants.
A Morlaix......................	371	71.641
A Châteaulin	119	40.216
A Quimperlé...................	24	51.464
A Lesneven....................	177	49.135

Ce sont là sans doute des chiffres trop faibles : on ne compte que les mendiants habitant les diverses paroisses; mais la plupart d'entre eux sont des *vagabonds*, dont les municipalités ne pouvaient évaluer le nombre [1].

En ce qui concerne les villes, on a des chances d'avoir des indications plus sûres. Malheureusement, nous n'en possédons que pour Quimper et Morlaix. A Quimper, pour une population totale de 8.000 habitants, on compte 740 personnes ayant besoin d'assistance, soit près du dixième, et 53 mendiants. A Morlaix, pour

[1] Sous l'Ancien Régime, il est encore plus malaisé de se rendre compte du nombre des pauvres et des mendiants. Cf. mon article, *Remarques sur la misère, la mendicité et l'assistance à la fin de l'Ancien Régime* (*Mémoires de la Société d'histoire de Bretagne*, 1925); abbé L. Favé, *Misère et miséreux au pays de Léon* (*Bull. de l'Association bretonne*, 1905, p. 280 et suiv.); L. Kerbiriou, *Jean-François de la Marche, évêque-comte de Léon*, 1924, p. 148 et suiv.

une population de 10.029 personnes, on en note 4.607 ayant besoin d'assistance, soit près de la moitié, et 200 mendiants.

La donnée la plus instructive de nos tableaux, c'est le nombre des individus ne payant aucune taxe ou seulement une ou deux journées de travail. Le rapport de M. de Montlinot, à la séance du Comité de mendicité du 7 mai 1790, déclare :

Tous les habitants d'une paroisse seront portés dans les rôles d'imposition. Ceux qui ne seront pas taxés *seront regardés comme pauvres sous la dénomination de journaliers*, en ajoutant simplement à ces rôles la qualité de *valides* ou d'*infirmes*... Il faudrait ajouter à la liste des vrais pauvres ceux qui ne payent qu'une journée d'imposition, parce qu'il est à présumer qu'ils peuvent devenir pauvres sans circonstances extraordinaires... On évaluera au dixième ou au quinzième la quantité de pauvres que cette classe peut fournir...[1].

Ainsi, le Comité de mendicité considère comme pauvres les *journaliers* qui ne payent aucune taxe, et comme susceptibles de le devenir, ceux qui ne payent qu'une ou deux journées de travail. Le district de Quimper a même confondu les deux catégories, parce que les individus payant, en 1790, une ou deux journées de travail, «mais ne pouvant en payer davantage, n'ont pas été imposés en 1791». Quoi qu'il en soit, les chiffres qui nous sont fournis par ces deux colonnes peuvent nous donner approximativement le nombre des pauvres. Mais, comme le fait remarquer le district de Quimper, «par individu ne payant aucune taxe, on entend les pères de famille». Nous prendrons donc comme base de nos calculs le chiffre de la première colonne, multiplié par 5, et le dixième de celui de la deuxième, multiplié par le même nombre. Nous obtiendrons ainsi, pour nos cinq districts, les résultats figurant à la page 62.

Ainsi, au total, dans les cinq districts, ce seraient les 31 p. 100 de la population que l'on pourrait considérer comme pauvres ou comme susceptibles de le devenir [2]; dans les deux villes de Quimper et de Morlaix, la proportion (d'un peu plus d'un cinquième) est plus faible. Nous avons là une donnée statistique encore tant soit

[1] C. BLOCH et A. TUETEY, *op. cit.*, p. 34.

[2] M. Léon DUBREUIL, qui a examiné pour le district de Dinan, des documents analogues aux nôtres, évalue à environ un tiers de la population totale le nombre des pauvres de ce district (*Le paysan breton au XVIII* siècle, dans la *Revue d'histoire économique*, année 1924, p. 487).

DISTRICTS.	POPULA-TION.	NE PAYANT AUCUNE TAXE.	NE PAYANT QU'UNE OU DEUX JOURNÉES.	NOMBRE TOTAL DE PAUVRES.	POUR-CENTAGE.
Quimper...	49.376	2.210×5 $= 11.050$	$\dfrac{2.206 \times 5}{10}$ $= 1.103$	$11.050 + 1.103$ $= 12.153$	0.22
Morlaix...	71.641	25.465 [1]	$\dfrac{5.755 \times 5}{10}$ $= 2.877$	$25.465 + 2.877$ $= 28.342$	0.39
Châteaulin.	40.216	2.715×5 $= 13.575$	$\dfrac{2.612 \times 5}{10}$ $= 1.306$	$13.575 + 1.306$ $= 14.881$	0.37
Quimperlé..	51.464	2.845×5 $= 14.225$	$\dfrac{2.402 \times 5}{10}$ $= 1.201$	$14.225 + 1.201$ $= 15.426$	0.29
Lesneven ..	49.135	3.005×5 $= 15.025$	$\dfrac{2.717 \times 5}{10}$ $= 1.358$	$15.025 + 1.358$ $= 16.383$	0.3
Total..........................					0.31

[1] Ce chiffre est tellement élevé qu'il s'agit évidemment de tous les membres des familles.

peu approximative, mais qui cependant est sérieuse, plus sérieuse que toutes les données que nous fournit l'ancien régime.

IV

Quelles sont les causes de la misère, qui sont indiquées par les tableaux ? Les réponses sont quelque peu vagues et flottantes. Un peu partout, on note le « défaut de travail », parfois aussi « la fainéantise », ou encore l'insuffisance des salaires. Dans les localités maritimes, comme Clohars (dans le district de Quimperlé), on dit que la misère sévit « quand la pêche manque ». Dans le district de Quimperlé, on incrimine, dans plusieurs cantons, « la cherté des fermes » et le taux élevé des *droits de commission*, sous le régime du domaine congéable [1]; le canton de Cleder se plaint aussi de «la surcharge des impôts»; le canton de Guiclan, «le défaut d'état aux enfants à l'âge de 13 à 14 ans»; Plounéventer, «la mauvaise qualité des terres», Plounevez, «trop de liberté aux voisins pour congé de gouémon» [2]. Dans le district de Châteaulin, on se plaint surtout de la cherté des grains et du défaut d'emploi, notamment au port de Brest; Brasparts et Argol incriminent aussi le domaine congéable, et Crozon, «la stérilitédu sol». Dans le district de Quimper, c'est du domaine congéable et du défaut de travail que l'on se plaint surtout; à Concarneau, la cherté de la rogue est considérée comme la principale cause de misère [3]. Le district de Quimperlé, dans ses observations générales, déclare que la misère a pour cause «le défaut d'ateliers et la cherté ordinaire des blés depuis long-temps, provenant des embarquements multipliés qui s'en font dans différents ports de mer» [4].

La municipalité de Morlaix estime que dans cette ville la misère s'est accrue depuis la Révolution : «ceux, dit-elle, qui payaient, avant la Révolution, une ou deux journées, sont, par faute d'ouvrage, dans l'impossibilité de payer aucune taxe». Il semble, en effet, que la situation se soit aggravée, pour peu que l'on examine les rôles de la capitation de la fin de l'Ancien Régime [5]. Au contraire, la commune de Lothéa, dans la banlieue de Quimperlé, — la seule dont le tableau nous soit parvenu — attribue la misère dont souffrent ses habitants au fait qu'on leur a enlevé la jouissance des *communs*, qui contribuait si fort à leur subsistance :

Il n'y a pas à Lothéa beaucoup de terres labourables, surtout depuis cinq ans qu'on a repris les vagues, qui étaient le long de la forêt de

[1] Voir L. Dubreuil, *Les vicissitudes du domaine congéable*, 2 vol. in-8°, 1915-1916.

[2] Voir à ce sujet, Antoine Favé, *Les faucheurs de la mer en Léon* (*Bull. de la Société archéologique du Finistère*, 1906, t. XXXIII, p. 95-145).

[3] Sur le dommage causé aux pêcheurs de sardine par la cherté de la rogue, voir H. Sée, *Études sur la pêche en Bretagne au XVIII° siècle* (dans les *Mémoires et documents sur l'histoire du commerce et de l'industrie*, de J. Hayem, 9° série, 1925).

[4] Le canton d'Arzano demande un chirurgien-accoucheur et un maître d'école.

[5] Voir à ce sujet, H. Sée, *La vie économique et les classes sociales à Morlaix au XVIII° siècle, d'après les rôles de la capitation* (dans *Mémoires et documents*, de Julien Hayem, 9° série, 1925).

Carnoët [1] et de la taille de Moëlan. Dans cette reprise, la paroisse de Lothéa a perdu, sans parler de 7 maisons défaites, 600 journaux de terre dont elle jouissait et dont plusieurs arpents étaient sous blé, même de temps immémorial; quantité d'autres étaient clos depuis dix-huit à vingt ans, qui donnaient de l'ouvrage et du blé à tout le monde. Le reste servait de pâture aux bestiaux des riverains, donnait de la lande, du genêt et de la fougère pour le moins. En conséquence, il y a moins de travail, moins de blé et moins de bestiaux; ainsi, chaque particulier, n'ayant que peu de terrain, le travaille presque toute l'année seul et n'a point non plus trop de blé pour lui.

C'étaient là des pratiques assez fréquentes à la fin de l'Ancien Régime, et dont la masse des paysans, qui avait besoin de la jouissance collective des *communs*, ne cessait de se plaindre très vivement [2].

V

Les tableaux montrent bien (et nous avons à cet égard d'autres sources d'information qui confirment leur témoignage) que, pour soulager la misère, les *fondations* d'assistance manquent presque partout, du moins dans les campagnes. Dans le district de Quimper, on ne cite que deux fondations à Quimper (Saint-Antoine, 4.496 l., et Sainte-Catherine, 1.713 l.), 400 livres à la ville de Concarneau et 1.713 livres à la ville de Pont-l'Abbé. Dans le district de Quimperlé, l'hôpital de la ville jouit de 2.400 livres de revenus, mais «qui ne sont pas suffisants pour secourir 60 pauvres». Dans le district de Châteaulin, on ne note qu'un fonds de charité de la municipalité de Roscanvel (dans le canton de Crozon), qui n'est que de 92 livres, et l'hôpital de Crozon, dont le revenu ne dépasse pas 240 livres. Dans le district de Lesneven, l'hôtel-dieu de la ville de Lesneven a bien 3.408 livres de revenu et la municipalité de cette même localité, une fondation de 119 livres; mais les fondations des paroisses de campagne sont fort peu de chose :

---

[1] Cette forêt appartenait au domaine royal; voir mon étude, *Les forêts et la question du déboisement en Bretagne à la fin de l'Ancien Régime* (*Annales de Bretagne*, t. XXXVI).

[2] Voir surtout Pierre LEFEUVRE, *Les communs en Bretagne à la fin de l'Ancien Régime*, Rennes, 1905, et H. SÉE, *Les classes rurales en Bretagne du xvie siècle à la Révolution*, p. 215 et suiv.

Goulven, 100 livres; Sibiril, 130; Plouider, 72, Plouguer-
neau, 27.

Il arrive même que, depuis le début de la Révolution, les
secours (de la charité privée, du moins) aient diminué. Ainsi, à
Moëlan (dans le district de Quimperlé), les Bernardins de Saint-
Maurice distribuaient du pain aux pauvres, et le duc de Penthièvre
donnait 160 livres; voilà des ressources qui ont disparu en 1792.
L'état de Lothéa constate des faits analogues :

> Depuis quelques années, le duc de Penthièvre donnait 120 l. par an sur
> le domaine pour être distribués aux pauvres. Il n'y a encore rien malheu-
> reusement. Cependant voici l'hiver qui approche, et le blé est toujours
> cher.

Les pauvres de Lothéa ont perdu aussi les distributions de pain
des moines :

> De tout temps, et suivant l'institution des moines rentés, on distribuait
> du pain aux pauvres du canton ; les R. R. P. bénédictins de Quimperlé
> pour se dispenser de cuire et distribuer du pain, donnaient des dîmes de
> cette paroisse deux tonneaux de grain à l'hôpital. Ce blé était le fruit des
> travaux de nos bons laboureurs et le résultat de leurs fatigues et sueurs,
> et cependant aucun de leurs pauvres n'était reçu à l'hôpital, ni soulagé
> chez lui en aucune circonstance : cruelle injustice.

VI

Enfin, les tableaux indiquent les genres d'occupation qui pourraient donner du travail aux pauvres. Ils parlent surtout des réparations de chemins, de pavés à refaire dans les villes et bourgs,
d'églises à reconstruire [1]. A Locronan et à Châteaulin (district de
Châteaulin), on indique la « filature » du lin et du chanvre. C'est la
filature, outre les réparations, qui semble à la plupart des cantons
de Quimperlé l'occupation la plus bienfaisante [2]. Dans le district

---

[1] Voir, par exemple, le tableau du district de Lesneven. A Plounevez, on
indique « la coupe du gouémon ».

[2] A Pontaven, on note, en outre, « la réparation des quais et pavés ».

La municipalité de Lothéa indique avec une grande précision les travaux à
faire ; la réparation du chemin de Quimperlé (14 ou 15 toises) ; « un bon gros
fossé pour clore la forêt de Carnoët du côté des villages du Nord qu'elle avoisine
de si près », suivant le projet même de la gruerie : « cela mettrait la forêt en

de Quimper, on parle surtout, outre les réparations de chemins, de la « filature » et des défrichements. Dans le district de Morlaix, c'est la filature qui semble l'occupation la plus avantageuse ; il s'agit, en effet, d'une des régions les plus importantes pour la fabrication des toiles.

Dans les villes, on songe surtout à la création de manufactures ou d'ateliers. A Quimper, on demande l'établissement de « la filature et de la fabrication des toiles à voiles » ; mais, pour cela, il faudrait obtenir des secours « et la réception de toile pour Brest ». A Morlaix, où la filature, la tannerie, la bonneterie, la clouterie occupent déjà 800 personnes, c'est surtout à la filature et au tissage qu'on voudrait employer les sans-travail :

Il y aurait moyen, lit-on dans les *Observations* de la municipalité, d'établir à Morlaix diverses maisons de travail productif, où on pourrait recueillir nombre de pauvres ouvriers, tels que des tisserands, des fileuses de chanvre, fil et coton. L'atelier de travail de l'hôpital de charité pourrait employer un plus grand nombre de pauvres pour un travail utile de filature, s'il avait des fonds pour acheter les matières premières. La demoiselle Kerallio emploie dans un atelier de charité pour la filature environ 30 pauvres femmes et filles qui y trouvent leur subsistance. Il faudrait à la ville de Morlaix une avance d'environ 50.000 livres, avec lesquelles on occuperait au travail les gens pauvres et oisifs dont la ville fourmille.

Le district de Quimper a une vue plus générale des choses. Considérant que la mendicité procède de trois causes (la fainéantise, le défaut d'ouvrage, les accidents), il propose : contre la première, que l'on fasse « défense de mendier hors de la paroisse » ; contre le chômage, l'encouragement à l'agriculture et l'établissement de « quelques manufactures » ; contre les accidents, l'institution d'une sorte de monts de piété, où l'on prêterait sur gages aux gens qui sont dans le besoin. La municipalité de Kernevel propose comme remède à la misère la création d'une caisse des pauvres, en vue d'établir l'assistance par le travail ; le premier fond en serait fourni par l'État, et elle serait ensuite entretenue par les paroissiens [1].

assurance et ses voisins plus à l'aise et hors du danger d'y faire du tort par leurs bestiaux et des frais conséquents ; enfin, il y aurait à réparer quatre ponts qui se débordent à la moindre pluie. »

[1] La municipalité de Pont-Aven déclare « qu'un hôpital et un bureau de charité y sont d'une nécessité présente et indispensable ».

On voit par ce qui précède que les réponses à l'enquête du Comité de mendicité, si elles ne nous fournissent pas des renseignements statistiques bien sûrs, présentent cependant un réel intérêt. Le nombre des individus ne payant aucune taxe ou une taxe très faible nous permet de nous rendre compte du nombre des pauvres, tout au moins d'une façon approximative. Les *Observations* contiennent aussi des données intéressantes. En un mot, si ces tableaux étaient étudiés dans les divers départements, on pourrait avoir, de la misère en France, au début de la Révolution, une idée suffisamment précise [1].

[1] Nous adressons nos remerciements les plus vifs à M. Henri Waquet, archiviste du Finistère, qui, avec la plus grande obligeance, nous a communiqué les documents qui ont fait l'objet de cette étude.

NOTE SUR LES RECENSEMENTS DES GRAINS

DANS L'ILLE-ET-VILAINE

À L'ÉPOQUE DE LA CONVENTION.

L'établissement du maximum, voté par la Convention, n'était qu'une des mesures destinées à résoudre le difficile problème des subsistances. Il fallait que les marchés fussent convenablement approvisionnés; il fallait que l'on pût satisfaire aux réquisitions des autorités militaires et civiles. Le recensement des grains s'imposait donc[1].

La façon dont devaient être confectionnés les états de recensement fût fixée notamment par le décret du 15 brumaire an II (5 novembre 1793) et par la circulaire du 27 brumaire (15 novembre 1793)[2]. Ce sont les districts qui sont chargés d'établir ces états, pour chacun d'eux, et ce sont les administrateurs d'un district voisin qui doivent faire le travail de recensement.

Dès le 9 germinal an II, la Commission des subsistances de la République (créée le 1ᵉʳ brumaire) ordonna le recensement de tous les grains dans l'Illé-et-Vilaine, comme dans les départements des Côtes-du-Nord, du Finistère, du Morbihan, de la Manche et du Calvados[3].

I

Dans l'Ille-et-Vilaine, les administrations de districts ne remirent que tardivement leurs états. Dans le district de Fougères, les opérations furent interrompues par les troubles de la chouannerie. Les administrateurs de Fougères, dans une lettre du 1ᵉʳ prairial an II, se plaignent aussi des agissements des commissaires qui avaient été désignés par le district de Dol :

Les citoyens de plusieurs communes se plaignent que les commissaires, sans égard aux représentations faites par les propriétaires du grain, le portaient arbitrairement à une quantité plus forte qu'elle n'était réelle-

---

(1) Sur les réquisitions, voir Albert MATHIEZ, *Les réquisitions de grains sous la Terreur* (*Revue d'histoire économique*, an. 1925, pp. 231 et suiv.).

(2) Voir Pierre CARON, *Textes relatifs au commerce des céréales* (*Bull. d'histoire économique de la Révolution*, an. 1906, pp. 178-182).

(3) Arch. d'Ille-et-Vilaine, Lm (Subsistances).

5..

ment; souvent même ils la doublaient et refusaient opiniâtrement qu'on eût fait le mesurage, disant que cela était indifférent.....

Cette façon de faire aurait pour effet de charger outre mesure les propriétaires « ou de déterminer des réquisitions de grains que le district serait hors d'état de remplir ». En fait, le district se trouve dans l'impossibilité de fournir les secours que réclament les administrateurs de Port-Malo [1].

Les neuf commissaires chargés du recensement dans le district de Fougères s'efforcent de se disculper des fautes qu'on leur reproche [2]; c'est faussement, disent-ils, qu'on les accuse de n'avoir rempli leur mission « ni avec conscience, ni avec exactitude ». Lesné, Mancel et Gilbert, désignés par le sort pour opérer le recensement dans les trois cantons de Fleurigné, Parcé et Billé, « les plus périlleux », n'ont obtenu, ni du commandant de Fougères, Clinchamp, ni de l'adjudant général, Besnard, la force armée qu'ils avaient réclamée; puis, le 13 floréal, les détachements rentrant à Fougères, ils sont obligés de suspendre leurs opérations. Le 15, Lesné et Mancel vont rejoindre leurs collègues qui recensent les cantons de Saint-Marc-le-Blanc, Saint-Brice et Saint-Georges-de-Reintembault. Le 21, Gilbert va retrouver ses collègues. Mais, à Saint-Brice, on subit une attaque des brigands; il fallut cesser le travail de recensement. L'adjudant général leur dit de se retirer.

Contrairement à ce que déclarent les administrateurs de Fougères, les commissaires leur ont bien offert un tableau de leurs opérations, que cependant ils ne devaient remettre qu'au district de Dol.

S'ils ont résisté aux plaintes des intéressés, c'est qu'ils ont convaincu ceux-ci de fausses déclarations; ainsi, à Parcé, un certain Pierre Duclos, soutenu par les deux adjoints, a affirmé ne posséder que 50 demeaux de blé noir; Gilbert a fixé ce montant à 80 ou 90 demeaux; le mesurage a donné le chiffre de 85. Les commissaires déclarent qu'ils ont reçu les signatures approbatives des deux délégués de chaque commune. Ils n'ont pas exagéré leurs estimations ni refusé d'avoir recours à l'arbitrage.

En réalité, hormis Saint-Georges-de-Reintembault et trois ou quatre communes, ajoutent les commissaires, « il serait très difficile

---

[1] Lettre du 22 prairial an II. (Arch. d'Ille-et-Vilaine, Lm.)
[2] Lettre du 24 prairial an II.

de trouver un vrai citoyen dans ce pays, foyer de rebellion et repaire
de brigands». Les administrateurs de Fougères se plaignent des difficultés que leur causent les subsistances. A cela, les commissaires
répondent :

> Pourquoi nos commissions nous traçaient-elles un cercle qu'il ne
> nous était pas possible de dépasser? Que n'avions-nous la liberté de
> faire enlever les grains des chouans! Nous aurions enlevé à ces monstres
> une grande quantité d'approvisionnements, mieux employés à nourrir
> les patriotes; nous aurions bénéficié la République de 1.751 demeaux
> de grain dans la seule commune de Dompierre-Duchemin, dont tous
> les habitants sont chouans, à l'exception de l'agent national et de son
> père[1].

Les administrateurs de Fougères firent faire une enquête sur la
conduite des commissaires du recensement, enquête, dont nous ne
connaissons pas la conclusion[2].

Le 2 nivôse an III, les administrateurs du district de Fougères
déclarent aussi qu'ils ne peuvent envoyer au département l'état de
recensement car, sur 47 communes, ils n'ont les résultats que pour
22 d'entre elles. C'est aussi la chouannerie qui en est la cause : «le
plus grand nombre des officiers municipaux des campagnes ne peuvent rester à leur poste sans courir risque d'être égorgés, et beaucoup d'entre eux sont même réfugiés à Fougères».

En floréal au II, le directoire du district de Bain n'a pu non plus
faire le recensement; les commissaires, en effet, n'ont pu apporter
tous leurs registres à Bain, et cette situation menace de se pro
longer[3].

Une autre cause d'erreurs, c'est que l'on n'observe pas la règle

---

[1] Sur la chouannerie dans le pays de Fougères, voir Th. LEMAS, *Un district
breton pendant les guerres de l'Ouest et de la Chouannerie;* H. BOURDE DE LA ROGERIE
et P. DELARUE, *La vie économique à Saint-Marc-le-Blanc pendant la Révolution*
(*Annales de Bretagne,* 1913, t. XXVIII).

[2] Lettre du 15 floréal an II.

[3] Cf. H. BOURDE DE LA ROGERIE et P. DELARUE, *op. cit., loc. cit.,* pp. 494-495.
Le 7 thermidor, le citoyen Le Tellier est chargé de faire une enquête «si, lors de
leur visite chez les différents particuliers de leur commune, les commmissaires
de Dol ont fait ou non le mesurage exactement des grains, ou s'ils n'ont basé
leur procès-verbal que sur des aperçus, si enfin il n'est pas vrai que, lorsque, quelqu'un se plaignant à eux de ce qu'ils portaient au delà de la juste quantité de
leurs grains et qu'ils en exigeaient le mesurage, ils ne répondirent pas que, s'il
fallait mesurer partout, leur commission ne finirait point»,

établie par la Commission des subsistances[1], que l'on «évalue en quintaux le poids de chacune des mesures qui peuvent être en usage dans le département ou l'arrondissement». Ainsi, les commissaires de Port-Malo [Saint-Malo], faisant le recensement dans le district de Dol en messidor an II, «ont compté par boisseaux mesure de Dol, et non par quintaux»; d'où une différence, sur le blé noir, de moitié, et, sur le froment, d'un cinquième, ce qui fait que le district est trop imposé de 17.000 quintaux[2]. Les administrateurs de Vitré déclarent que les commissaires de Dol se sont servis du demeau de leur pays; on se plaint donc «de ce que les monceaux de grains ont été évalués au double ou quelquefois plus de ce qu'ils contenaient réellement»[3]. Encore en l'an V, le ministre de l'intérieur attribue la défectuosité des états des récoltes à l'impossibilité que l'on a éprouvée souvent à «ramener à une seule et même mesure la multitude des mesures locales usitées» dans tel ou tel canton; trop souvent aussi, on n'a pas réduit les mesures de superficie à l'hectare[4].

II

Tant bien que mal, on est arrivé à dresser les états de recensement. Il est intéressant de les reproduire, car ils peuvent donner des indications sur le rendement relatif des diverses cultures.

Pour le district de Rennes, voici l'état du 26 brumaire an II[5] :

Froment	171.674	quintaux.
Méteil	26.101	—
Seigle	8.011	—
Orge	14.722	—
Blé noir	105.181	—
Avoine	50.725	—

Les commissaires du district de Montfort ont dressé, pour le district de Rennes, l'état du 16 germinal an II :

Froment	25.929	quintaux.
Méteil	8.906	—

[1] Circulaire du 29 brumaire an II (P. CABON, *op. cit.*, *loc. cit.*, p. 183).
[2] Lettre de messidor an II (Arch. d'Ille-et-Vilaine, Lm).
[3] Lettre du 16 messidor an II.
[4] Lettre du 1er vendémiaire an V.
[5] La population du district est évaluée à 80.866 habitants; celle de Rennes, à 30.000.

Seigle................................... 1.672 quintaux.
Avoine................................... 7.505   —
Paumelle................................. 67.657   —
Blé noir................................. 67.657   —
Semence..................................   879   —

Voici maintenant l'état du 8 nivôse an III :

Froment.................................. 101.347 quintaux.
Méteil...................................   6.943   —
Seigle................................... 21.540   —
Orge.....................................   8.560   —
Blé noir................................. 127.288   —
Pommes de terre..........................   126   —
Châtaignes...............................   205   —
Légumes secs.............................   136   —
Foin..................................... 149.278   —
Paille................................... 133.657   —
Avoine................................... 19.769   —
Luzerne et trèfle........................   33   —

DISTRICT DE REDON[1].

(7 prairial an II).

Froment.................................. 3.404 boisseaux.
Seigle................................... 32.976   —
Méteil................................... 1.256   —
Orge..................................... 1.090   —
Avoine................................... 4.426   —
Sarrasin................................. 30.693   —
Mil...................................... 1.597   —
Sarrasin déduit pour la semence.......... 19.317   —

Chaque individu dispose donc d'un quintal et de deux livres pour
sa nourriture pendant trois mois jusqu'à la récolte. L'avoine ne
doit pas être comprise «attendu qu'elle est en réquisition pour le
service de l'armée des Côtes de Brest et qu'il n'en existe même pas
assez pour compléter le contingent assigné au district de Redon».

*État des grains du district de Montfort, dressé par les commissaires du
district de Redon* (16 thermidor an II)[2] :

Froment.................................. 14.224 quintaux.
Méteil...................................   960   —

[1] La population est évaluée à 36.377 habitants.
[2] Population : 56.427 habitants.

Seigle.. 12.487 quintaux.
Avoine.. 9.586 —
Paumelle...................................... 728   —
Blé noir...................................... 57.506 —
Semence....................................... 13.560 —

DISTRICT DE BAIN.
(17 messidor an II.)

Seigle.. 7.587 quintaux.
Froment....................................... 4.465 —
Avoine.. 6.488 —
Blé noir[1]................................... 22.906 —
Méléard....................................... 6.588 —
Orge.. 1.251 —

DISTRICT DE PORT-MALO[2].
(28 du premier mois an II.)

Froment....................................... 98.964 quintaux.
Méteil.. 5.622 —
Seigle.. 7.323 —
Orge.. 6.884 —
Avoine.. 17.597 —
Blé noir (pas battu partout).................. 51.486 —

DISTRICT DE DOL.
(5 novembre [1793].)

Froment....................................... 23.133 quintaux.
Seigle.. 8.785 —
Méteil.. 12 —
Blé mêlé...................................... 206 —
Orge ou paumelle.............................. 501 —
Blé noir...................................... 98.237 —

DISTRICT DE LA GUERCHE[3].
(3 prairial an II.)

Froment....................................... 1.160 quintaux.
Seigle.. 3.466 —
Méteil (froment, seigle et avoine)............ 11.114 —
Avoine.. 9.141 —
Orge.. 1.094 —
Blé noir...................................... 16.079 —

[1] 10.703 quintaux de blé noir doivent être réservés pour l'ensemencement.
[2] Population : 67.611 habitants.
[3] Population : 48.377 habitants.

Il faut déduire de ces quantités : 1.000 quintaux d'orge et 10.000 de blé noir, pour la semence; déduire aussi 2.766 quintaux d'avoine, assignés, le 8 floréal, pour l'approvisionnement de l'armée en fourrage.

DISTRICT DE VITRÉ.

(5 germinal an II.)

Froment..	6.850	quintaux.
Méteil...	8.120	—
Seigle...	7.670	—
Orge..	965	—
Avoine..	16.790	—
Blé noir	56.033	—
Farine..	3.027	—

On peut constater que le blé noir et le seigle l'emportent sur le froment dans les districts de Bain, Montfort, La Guerche, Vitré. Au contraire, on rencontre une quantité considérable de froment dans ceux de Rennes, Port-Malo et Dol; dans ces deux derniers, la supériorité du froment sur le seigle est écrasante. Ces trois districts sont, en effet, ceux dont la culture est la plus riche; il s'agit de la zone côtière et de la plaine de Rennes. Le blé noir joue toujours un rôle considérable dans l'alimentation paysanne[1].

III.

Les recensements ont surtout pour but de donner les moyens de satisfaire, à la fois, aux réquisitions des armées et aux subsistances des villes.

Nous voyons, par exemple, que la commune de Rennes, dès la fin de 1793, se préoccupe des recensements. Le 6 nivôse an II (26 décembre 1793), de nouveaux recensements seront faits par les commissaires de vendémiaire (octobre) : ils « ajouteront à la quantité de grains blancs restant à chaque propriétaire celle des blés noirs[2]; ils sont de plus invités à s'informer si chaque cultiva-

---

[1] Voir aussi Paul VIARD, *Les subsistances en Ille-et-Vilaine sous le Consulat et l'Empire (Annales de Bretagne, 1917, t. XXXII, pp. 328 et suiv.). — Cf. plus loin l'Appendice.

[2] Qui se récolte plus tard.

teur a ensemencé ses terres dans la proportion des années précédentes[1].

Le 23 ventôse an II, la commune de Rennes déclare qu'elle est sur le point de manquer de subsistances, car les communes circonvoisines n'ont pas versé les grains au grenier d'abondance, comme elles le devaient, et se refusent même à en apporter au marché. Faisant droit à cette pétition, le district requiert chaque commune de verser au grenier de la ville le quart des grains qui lui restaient. La récolte dernière, ajoutent les administrateurs, a été abondante et « la disette factice » est l'œuvre des ennemis de la Révolution. Le district envoie dans le canton de l'Hermitage les citoyens Veillard et Samson pour vérifier l'état des grains; après avoir laissé à chaque particulier les grains dont il a besoin pour sa subsistance, ils feront conduire au magasin de la ville la quantité disponible, même de l'avoine, et chaque propriétaire sera payé « au fur et à mesure du versement ». Les deux commissaires se saisiront de tous les grains qu'ils trouveront cachés « dans les pailles ou autrement »[2].

Au même moment[3], la commune de la Guerche éprouve les mêmes inquiétudes que Rennes et demande aussi un nouveau recensement. Le district de la Guerche, dans sa délibération, déclare que ce recensement est d'autant plus urgent « que les réquisitions faites aux communes pour l'approvisionnement des marchés sont toujours infructueuses et que celles faites par les municipalités aux habitants de leur commune, soit pour transporter des grains aux marchés, soit pour en livrer sur leurs bons aux ouvriers qui n'ont pas d'autre moyen de s'en procurer, restent presque toujours sans effet, que d'ailleurs les recensements peuvent n'avoir pas été faits exactement dans plusieurs communes. » Il est vrai que la récolte du district ne peut nourrir les habitants que pendant un court espace de temps, car elle a été médiocre et un énorme contingent a été demandé par les armées. Néanmoins, « il est essentiel d'employer tous les moyens d'assurer la subsistance de chaque individu, en attendant le secours en grains que le ministre de l'intérieur est chargé d'envoyer dans les parties de la République où le besoin s'en fait sentir ». En conséquence, le district demande un nouveau recen-

---

[1] Arch. d'Ille-et-Vilaine, Lm.

[2] Ibid., Lm.

[3] Délibération du district de La Guerche, du 4 nivôse an II [24 déc. 1793]. (Ibid., Lm.)

sement des grains par des commissaires (aux frais des communes) et va réclamer au ministre un prompt secours de 4.000 quintaux de froment et de seigle.

Les administrateurs du district de Vitré, dans une lettre au district de Rennes, du 27 frimaire an III[1], constatent la même impossibilité de faire des réquisitions dans les diverses communes « que vous avez considérées comme fréquentant vos marchés ». Ils réclament des secours en grains à la Commission du commerce et des approvisionnements.

En l'an III, le département fixe les quantités de grains que les communes rurales doivent apporter aux différents marchés urbains. Ainsi, le 29 vendémiaire an III (18 octobre 1794), 39 communes sont désignées comme devant approvisionner le marché de Rennes. Pour prendre quelques exemples : Vignoc doit fournir 27 quintaux; Guipel, 25; Gevezé, 61, Montreuil-le-Gast, 25; Parthenay, 15; L'Hermitage, 14; Moigné, 16; Servon, 18. Le marché de Hédé doit être fourni par quatre communes : Bazouges-sous-Hédé (62 quintaux); Langouet (45); Saint-Symphorien (46); Gondrein (37)[2].

Remarquons que les communes rurales sont peu disposées à se dessaisir de leurs grains. Ainsi, la municipalité de Saint-Marc-le-Blanc demande, le 30 octobre 1793, que les fermiers, ayant des grains à vendre, n'en portent à aucun autre marché que celui de la commune, « quels que soient les ordres qu'ils pourraient d'ailleurs recevoir »[3]. Au début de 1795, l'administration départementale, faisant une réquisition militaire sur le district de Fougères, a fixé la part de Saint-Marc à 120 quintaux de foin, 60 de paille et 50 d'avoine, qui doivent être versés au magasin de Fougères. La municipalité s'efforce de démontrer, le 7 ventôse an III (25 février 1795), qu'il lui est impossible de déférer à cette réquisition, car il y a « disette absolue » de grains et de fourrages[4].

On voit, par tout ce qui précède, combien il a été difficile à l'administration d'obtenir des états de recensements exacts, et combien aussi les communes rurales faisaient de difficultés pour satisfaire aux réquisitions militaires et même pour fournir les marchés

[1] Lettre du district de Vitré à celui de Rennes.
[2] Arch. d'Ille-et-Vilaine, L*m* (Subsistances). Voir aussi la liasse *Marchés*.
[3] H. Bourde de la Rogerie et P. Delarue, *op. cit., loc. cit.*, p. 483.
[4] *Ibid.*, pp. 496-498.

urbains[1]. C'est qu'elles avaient aussi leurs charges : les journaliers étaient nombreux; ils avaient, en tout temps, de la peine à vivre et la moindre cherté les faisait tomber dans la misère[2]. Les municipalités des campagnes n'obéissent pas, semble-t-il, dans bien des cas, aux suggestions des «ennemis de la Révolution»; une commune «patriote», comme Saint-Marc-le-Blanc, proteste à maintes reprises contre les réquisitions. Mais, dans l'Ille-et-Vilaine, les troubles de la chouannerie, qui se manifestent surtout dans le district de Fougères, ont contribué à compliquer la question des subsistances, à en aggraver les difficultés[3].

[1] Comme point de comparaison, voir G. Lefebvre, *Les paysans du Nord, pendant la Révolution*, 1924, pp. 622 et suiv.

[2] Voir, à ce sujet, Henri Sée, *Les classes rurales en Bretagne du xvie siècle à la Révolution*, 1906, et *Remarques sur la misère, la mendicité et l'assistance en Bretagne à la veille de la Révolution* (*Mém. de la Société d'histoire de Bretagne*, année 1925).

[3] Sur la question des subsistances, en général, voir Albert Mathiez, *La vie chère et le mouvement social sous la Terreur*, Paris, 1927.

APPENDICE.

L'AGRICULTURE DANS LE DISTRICT DE FOUGÈRES,

D'APRÈS L'ÉTAT DES RÉCOLTES DU 25 OCTOBRE 1792 [1].

Cet état est vraiment intéressant. Il montre qu'avant même les troubles de la chouannerie, la situation agricole de cette région était assez précaire.

Il y a eu, en 1792, très peu de froment; d'une façon générale; «le pays n'en produit qu'une petite quantité». On ne cultive ni le méteil, ni l'orge. L'avoine n'a donné qu'une demi-récolte. En ce qui concerne le sarrasin «trop cultivé dans ce district», la continuité du mauvais temps l'a perdu; on ne peut compter que sur un quart de récolte. Le pays fournit très peu de légumes et de médiocre qualité. Le foin et les fourrages eussent été abondants sans les pluies. Quant aux pailles, elles donnent très peu, car on ne cultive guère le froment, et les pailles des autres grains, de peu de valeur, ne servent qu'à faire du fumier. Les châtaignes sont «une production particulière à ce pays» et servent à nourrir les campagnes pendant deux ou trois mois, mais elles ont manqué, ainsi que les pommes. Il reste peu de grains provenant des précédentes récoltes, car l'année 1791 a été mauvaise, peu de fourrages également; il est rare d'ailleurs qu'on en conserve d'une année sur l'autre.

Les observations jointes à l'état des récoltes indiquent que le cidre, les châtaignes et le chanvre constituent la grande ressource du pays. «Les chanvres servent à la plupart des fermiers pour payer partie de leurs termes, de manière que c'est une perte considérable pour eux, lorsqu'ils manquent, et d'autant plus grande que dans ce moment les fils et les toiles sont fort chers».

Quant aux bestiaux, il n'y en a pas autant que le demanderait l'agriculture. La raison provient de la multiplicité des petites tenures; les petits propriétaires n'ont pas des ressources suffisantes pour fumer leurs terres, condition nécessaire pour que leur production soit satisfaisante. «Les petits propriétaires, qui ont à peine de quoi vivre, sont souvent forcés, aux temps de la semence ou de la récolte, de vendre le peu de bestiaux qu'ils ont pour se procurer les moyens d'ensemencer ou de vivre; c'est ainsi que, dans un pays pauvre, le cultivateur anticipe toujours d'une année sur l'autre, mais il est aisé de voir que cela ne tourne pas au profit de l'agriculture».

[1] Ach. d'Ille-et-Vilaine, L*m*.

Les rédacteurs de l'état des récoltes prévoient que le pays ne pourra subvenir à ses besoins :

« Nous désirons qu'on nous procure les moyens de subvenir aux besoins des pauvres, qui vont être en très grand nombre par le défaut de ressources et par la cherté des vivres, surtout des grains, qui sont, dès le temps de la récolte, à un très haut prix, et qui, vraisemblablement, augmenteront par l'effet de la disette presque générale. »

On comprend mieux alors pourquoi il fut si difficile d'assurer les subsistances du département pendant les années 1793 et 1794.

TABLE DES MATIÈRES.